為什麼
用數字說話的人
很有魅力

任何人都可以學會的
數學式邏輯思考

Nagano Hiroyuki

永野裕之——著

劉格安——譯

數學式邏輯思考的意義

洪萬生　國立臺灣師範大學數學系退休教授

　　在日本的數學普及書寫中，永野裕之的著作風格一直都相當獨特。比方說吧，他的《天哪！數學原來可以這樣學》及《喚醒你與生俱來的數學力》，就結合了學校數學的解題技能與數學普及的博雅素養，大大的豐富了我們對數學普及敘事進路的另類想像。

　　在本書中，作者除了延續前兩書的風格之外，還特別強調「數學式邏輯思考」對於網路時代的重要性。這種思考在溝通、解題以及充當概念工具等三個面向上，都不可或缺。儘管作者注意到這些問題時，主要是由於他身處日本這個特別的文化環境所激發，然而，邏輯思考卻已成為全球性浪潮席捲下，人際溝通的必要條件。這是普世的認知，絕對不只是日本社會的特定需求。

　　至於「邏輯思考」所以加上「數學式」這個形容詞，是因為作者認為**「要培養邏輯思考所代表的兩種能力，亦即『①溝通能力』和『②問題解決能力』時，最合適的工具就是數學。」**這也難怪，作者就讀中學後期時，曾經非常狂熱的投入數學學習，他深知數學知識活動的實作，是嚴格邏輯思考訓練的不二法門。這尤其在他創辦（個別指導補習班）「永野數學塾」之後，體驗更加深刻。事實上，早在《喚醒你與生俱來的數學力》中，他就曾向那些逃避數學的（高中）文組學生喊話，指出邏輯思考能力是不分文組或理組，所有人都應該具備的一種能力。這是因為誠如上一段指出，這是一

個早已邁向國際資訊化社會的時代，「**當一群成長環境不同、想法不同的人聚在一起，試圖解決各種以往未曾碰過的問題時，自然而然必須具備理解他人想法、用自己的想法說服別人的表達能力，以及任何情況下都能將問題抽絲剝繭、解疑釋結的能力。**」因此，為了鍛鍊邏輯力，他大聲疾呼：所有人都必須學習數學。

這些也足以解釋作者在本書中，為何會以數學為例，來說明邏輯思考如何有助於溝通、如何有助於解題，乃至於如何運用數學這個十分有力的工具。顯然由於這些相關數學內容與方法的解說，讓本書除了可以定位為一般人的知識普及讀物之外，也適合作為高中數學特色課程或是大學數學通識的絕佳參考書籍。以下，我將大略介紹本書內容，並藉以推薦本書給愛好數學普及的讀者。

對於一般讀者來說，本書第一章內容最具有邏輯思考的一般性參考價值。譬如說吧，本章的主題如整理與分類、圖表的恰當使用和 PM 矩陣、Will-Skill 矩陣與 SWOT 矩陣如何解讀，以及簡報力之提升要件等等，對於企業公司主管或一般上班族，都是不可或缺的邏輯思考素養。當然，如何深刻感受冰冷數字的「意在言外」，更是不容忽視的數學素養，而這若能從數學課堂就開始培養，當然是更理想的學習策略。

在本書第二章中，與一般讀者較切身的主題，就是第三節的「必要條件與充分條件」（necessary and sufficient condition）。一般的數學命題主要依賴這兩個條件來建立，只是目前「邏輯」單元已經從高中數學課程刪除，因此，在課堂上或許分配不到應有的教學時間——這是升學評量使然，不能責怪老師。然而，針對邏輯思考能力之提升，在口語或書寫中，學會正確的表達或釐清至為重要。誠如作者所指出，如果無法正確掌握這種邏輯思考，那麼，給定「若 A 則 B。所以為了 B，你必須做到 A。」與「若 A 則 B。所以為了 B，你只能選擇 A。」如何判斷這兩者等價但卻都是無效的

推論，恐怕就「理未易明」了。

在本書第二章第三節中，作者還針對命題（proposition），介紹如何活用必要條件與充分條件，來準確判斷其真偽的方法。為了進一步說明這些方法，作者在本章第五節引進「否（定）命題」與「對偶命題」的概念，利用邏輯推論的等價性（equivalence），提醒我們「碰到難辨真偽的命題，試著用對偶去思考。」不過，他也非常明白的指出：在日常語言中，「即使『若 P 則 Q』為真，P 與 Q 之間也不見得存在因果關係。」因此，對偶命題的邏輯思考，還是要明辨，小心使用才好。

本書所有這些有關邏輯推論的說明，對於我們精確運用語言或文字助益甚大，只是當我們以數學為演示例（demonstration）時，要是缺乏（與一般文字論述）連結之提醒，大概就難以想像數學訓練可以提升或強化邏輯思考能力吧。因此，在本書第三章中，作者引進了許多相關的數學問題，一點也不令人感到意外。

第三章的數學問題之相關主題依序是概算（費米推論法）、賽局理論（game theory）、圖論（graph theory），以及統計學（標準差、（統計）相關及迴歸分析）。顯然，作者是運用這些問題的求解過程，來說明數學如何被充當成一種邏輯思考工具來使用。譬如說吧，在概算主題（第三章第一節）上，作者所討論的問題就有：

· 地球以外有多少外星文明？

· 東京有多少人孔蓋？

· 芝加哥有多少位鋼琴調音師？

· 日本人 1 年有多少葡萄酒消費量？

至於如何概算這些問題？作者則是採用所謂的「費米推論法」，其中數學當然是主要的工具。此外，相親派對問題就是基於圖論來建立模式（pattern），而得以輕易解決。至於葡萄酒價格的

預測問題，則是經濟學家亞森費特（Orley Ashenfelter）基於統計學所建立的多元迴歸式，這種「透過資料的解析推導出有益的（或出乎意料的）事實就叫做資料探勘（data mining），而亞森費特的葡萄酒方程式可以說是相當好的實例。」所有這些問題的解決，除了教育成規所重視的數學能力之外，還需要一種「綜合性的數學力」，那是東京大學錄取新生的重要指標。

因此，本書的書寫動機之一，應該也是作者試圖呼應東京大學的新生篩選條件，那就是，高中生藉由學習數學必須培養的三種能力：

- 數學式的思考能力
- 數學式的表現能力
- 綜合性的數學力

如果學校數學課程難以或無法滿足這個需求，那麼，研讀本書絕對是值得認真考慮的選項之一。另一方面，針對一般讀者，如果打算在職場提升表達能力，那麼，本書的例題及其求解說明，也相當具有啟發性，值得參考借鏡。

目次 CONTENTS

「作為工具使用」的數學式邏輯思考

Chapter3 第三章

序　章
Prologue

數學式邏輯
思考的建議

何謂邏輯思考？

任何一家書店的商業書區，都設有邏輯思考系列書籍的專櫃。如今應該很少有人沒聽過「**邏輯思考**」一詞吧？話雖如此，這個用語開始普及其實也不過是不久以前的事。「邏輯思考」一詞最初在日本普及，據說是因為橫跨 20 與 21 世紀的出版品《金字塔原理》與《邏輯思考的技術：寫作、簡報、解決問題的有效方法》這兩部作品非常暢銷的緣故。

這兩部作品的作者有一個共通點，就是前者的作者芭芭拉‧明托（Barbara Minto）女士，與後者的作者照屋華子女士和岡田惠子女士，都與美國知名顧問公司麥肯錫有深刻的關聯。明托女士曾在麥肯錫等世界主要顧問公司擔任寫作指導顧問，照屋女士和岡田女士也同樣曾以「溝通專員」的身分進入麥肯錫，從事邏輯溝通技巧的開發等工作。

換句話說，近十五年來在日本定型的「邏輯思考」，主要指的是顧問公司內部所使用的提升溝通能力的技巧，也就是用一種方法來提升理解度與說服力，**盡量以簡單明瞭的方式，說明自己想要表達的事情**。

另一方面，**邏輯思考**是從英文的「logical thinking」直譯而來。例如以下的三段論法即為一例：

所有人都會死
⇒蘇格拉底是人
⇒因此蘇格拉底會死

不問立場、主義或主張為何，無論對任何人皆然，所謂的邏輯思考就是一種**由正確的事情導出明確結論的思考方式**。像哲學或數學史這樣，堆疊邏輯積木來探究真理的學科，說是邏輯思考的歷史

也不為過。就這層意義上而言，在我們試圖靠靈光乍現或直覺解決遠超出能力範圍的問題時，「邏輯思考」可以發揮相當大的力量。

如上所述，「邏輯思考」基本上具有兩種面向，一種是**溝通能力**的面向，另一種則是**問題解決能力**的面向。

邏輯思考

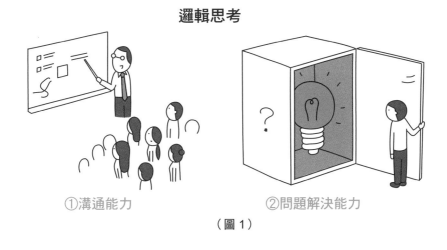

①溝通能力　　　　　　　②問題解決能力

（圖1）

何謂邏輯思考

① 盡量以簡單明瞭的方式說明：溝通能力。

② 由正確的事情導出明確結論：問題解決能力。

為什麼需要保持邏輯性？

若不計較語病的話，20 世紀以前需要具備邏輯性的人，或許只限於某些領域的專家而已；不過**生活在 21 世紀的我們，恐怕每一個人都必須講究邏輯性才行**，這是為什麼呢？

我認為這是因為從上個世紀末到這個世紀初，發生了兩項重大變動的緣故。一是 1991 年美蘇冷戰結束以及 1990 年代中期開始的網路普及，使得**全球化**急速發展。人力、物力、金錢和資訊在國際上頻繁流通，各種交流與問題開始跨越國家之間的藩籬。

日本從以前開始就很崇尚察言觀色或「心領神會」的文化。即使不把話說出來也能互相理解，或者是彼此顧慮對方的想法、心情。靠這些維持圓滑的人際關係，一向被視為值得讚許的美德。這些事情之所以會被視為美德，應該是因為「島國日本」住著一群相同文化、價值觀的人，而和相同想法的人交流，能夠心領神會是很容易的事。

但是現代的日本卻愈來愈難實現這件事了。因為包括日本在內，世界各國都開始進入全球化的階段，而我們必須向背景與自己相異的對象表達己見的機會（即使生活在日本國內）也急速增加。因此，我們不能再自以為是的認定「這樣想是理所當然的，所以就算不說也知道吧？」或「這種常識大家都知道吧？」畢竟對我們而言的常識，對別人來說很有可能並不屬於常識的範疇。

所以不用說也知道，當我們在面對一個與自己擁有不同文化的對象時，自然需要前頁 ① 所指稱的邏輯思考力，也就是**根據客觀事實建立脈絡，並且用簡單易懂的方式說明自己想法的能力**。

需要保持邏輯性的另一個理由，就是**價值觀的多樣化**。這一點同樣也是受到網際網路普及的影響。

以前家家戶戶只有一台電視，一家人吃完晚餐以後，通常會聚在客廳享受天倫之樂。當時之所以會有「國民偶像」或「國民歌謠」等全日本人都知道的明星、歌曲，或是像「巨人隊、大鵬、玉子燒」（指稱最受兒童喜愛的東西）這種流行語誕生，或許就是源自於這樣的時代背景吧。

然而隨著核心家庭愈來愈多，如今幾乎人人都有個人電腦或智

慧型手機，大家在網路上想看什麼就看什麼，價值觀也就愈來愈多樣化了。現在如果想要列出三樣「最受兒童喜愛的東西」，恐怕是不可能的事。若按照現在的狀況看來，實在很難再像過去一樣拱出新的「國民○○」了吧。

當價值觀漸趨多樣化，每個人面對的問題也會愈來愈五花八門。如果整個社會的人都面臨同樣的問題，那麼只需要由聰明的人想出「解答」，其他人再效法即可；不過在現今這個每一個人都面臨不同問題的時代，我們不能再期待別人告訴我們「解答」，**必須靠自己的頭腦思考解決辦法**。當我們站在工作或人生的岔路上，勢必得靠自己決定要走哪一條路才行。在這種情況下，面臨愈重要的局面，光靠靈感或直覺決定方向就愈危險。如果因為「這個方向感覺比較好」，就毫無根據的選擇一條無法挽回的失敗道路，人生就會留下偌大的後悔。為了避免這樣的事情發生，所有人都不能欠缺11 頁的②所指稱的邏輯思考力，也就是**能夠自行判斷「明確的方向」的邏輯性思考力**。

「數學式」是怎麼一回事？

本書的副書名是《任何人都可以學會的數學式邏輯思考》，「邏輯思考」的前面加上了「數學式」三個字。這是因為我認為要培養邏輯思考所代表的兩種能力，亦即「**① 溝通能力**」和「**② 問題解決能力**」時，**最合適的工具就是數學**。

國、高中時期對數學很頭痛的人，應該都曾感到莫名其妙，覺得「出社會以後又不會用到數學，為什麼要逼我念得那麼辛苦？！ヾ(*‘Д’*)ノ」確實，出了社會以後的確極少有人會碰到需要解開一元二次方程式，或是判斷眼前的四邊形究竟是不是平行四邊形的情況。對大部分的人來说，只要懂得如何使用算數中學到的

「＋、－、×、÷」四則運算、百分比、平均、比率等基本概念，就不至於對生活造成任何不便。若從這個觀點來看，最常聽到的意見就是數學應該被納入自然組學生才需要選修的科目才對。

不過不僅是日本而已，所有的已開發國家都把數學列為國、高中生的必修科目，而且社會組或自然組皆然，你認為這是為什麼呢？

那是**因為數學是鍛鍊邏輯力最有效率的一門學問**。無論是方程式、函數或是向量，都只不過是用來鍛鍊邏輯力的工具而已。

我最常引用愛因斯坦的一句話，這句話說得非常貼切：

（圖2）

「教育就是當一個人把在學校所學全部忘光之後剩下的東西。透過這股力量培養出能夠獨立思考、行動的人，並解決社會面臨的各種問題。」（愛因斯坦）

如果你認為學習數學就是背誦定理、公式或解法的話，那你就大錯特錯了。**學習數學的目的**絕非死記分解一元二次方程式的公式，而是**培養邏輯思考的能力，並且鍛鍊將話語或文字的真實脈絡正確表現出來的能力**。

日本東京大學在學校網站的入學指引頁面上，發表了一篇〈在

高級中學階段前學生應培養的能力〉，當中也明確記載了以上這些內容，同時清楚列出以下三種希望高中生藉由學習數學所培養出來的能力。

① **數學式的思考能力**
② **數學式的表現能力**
③ **綜合性的數學力**

以下簡要的摘錄各節重點。

① **數學式的思考能力**

（前略）本校的入學考試並不要求學生須具備超過高等學校學習指導要領範圍的數學知識或技術。相較於知識或技術，本校更重視「數學式的思考」。

② **數學式的表現能力**

數學式的解題並非純粹運用數學式計算出答案即可，而是運用數學式的正確表現，邏輯的說明解決問題的思考過程。

③ **綜合性的數學力**

為了運用數學解決各式各樣的問題，學生必須具備把數學當作「語言」或「工具」加以靈活運用的能力。同時，也要統整多方領域的知識和技術，具備「綜合性的掌握問題的能力」。（後略）

這些完全就是**邏輯思考所需要的基本能力**，我想應該不是只有我一個人如此認為。

經我這樣一寫，或許有人會認為：「可是……所謂的數學式，應該很難吧（→o←）。」

請放心吧！

正如書名「任何人都可以學會」所示，**本書使用的數學只是國中數學最基礎的部分而已**。我想基本上不會發生數學的部分看不懂

的情形。

倘若對數學頭痛的人（當然也包括擅長的人）能夠透過本書，明白自己**應該從數學當中學到什麼**，那筆者也就心滿意足了。

本書的使用方式

本書分成以下三章：

第一章　「用於溝通」的數學式邏輯思考
第二章　「用於解決問題」的數學式邏輯思考
第三章　「作為工具使用」的數學式邏輯思考

第一章的目的，是讓各位鍛鍊邏輯思考當中的「溝通能力」。

這一章寫的是邏輯思考當中常出現的「**MECE 分類**」、適合用於內容傳達的「**四種基本圖表**」、增加資訊量的「**矩陣**」、確保邏輯性的第一步驟「**確認定義**」，以及提高說服力的「**賦予數字意義**」等內容。

第二章要鍛鍊的是邏輯思考當中的另一個面向「問題解決能力」。

這一章登場的是幫助理解因果關係的「**函數**」、基礎推理方法的「**演繹法與歸納法**」、學習如何正確使用「若……則……（⇒）」的「**必要條件與充分條件**」、無法用正面方法找到破解線索時所使用的兩種思考視角：逆向思考視角「**餘事件**」與否定視角「**對偶與反證法**」等等。

最後第三章介紹的是可以作為邏輯思考工具使用的數學。

這個部分的內容包含因 Microsoft 和 Google 的面試題目而出名的「**費米推論法**」、在談判中獲得最適解的「**賽局理論**」、經典的模型化案例「**圖論**」、運用統計這門現代人必備素養來調查資料分散程度的「**標準差**」，以及掌握相關性以預測未知數的「**相關與**

迴歸分析」。

　　比起邏輯背景，這一章把數學當作一種工具，焦點擺在數學的使用方法（與統計相關的兩小節以介紹 Excel 的計算方法為主）。

　　此外，整體而言，本書列舉了許多生活化的例子，例如**哆啦 A 夢**、**相親派對**及**葡萄酒的價格**等等，目的就是希望可以讓各位讀者盡可能擴大邏輯思考和與數學有關的聯想。

　　請各位不必緊張，儘管放鬆心情閱讀這本書。

　　各章的最後準備了該章節介紹的例題相似題作為練習問題。若能試著自己解解看，相信一定能夠幫助各位養成更堅強的實力。

　　好了，差不多可以開始了，不需要預先準備任何知識。

　　讓我們一起透過邏輯思考的眼鏡，探索這個豐富多彩的世界吧！

永野裕之

第一章
Chapter1

「用於溝通」的
數學式邏輯思考

從頭開始學習邏輯思考，首先要學的就是**「MECE 分類」**。

「MECE」 是「Mutually Exclusive and Collectively Exhaustive」的縮寫，直譯成中文是「相互排斥且完全窮盡」，簡單來說就是**「互不重複，且毫無遺漏」**的意思。

不僅本書如此，許多有關邏輯思考的書籍都會在一開始就提到「MECE 分類」，因為「互不重複，且毫無遺漏」是**建立有效率且合乎邏輯的論述之基礎。**

比方說找東西好了。

假如同一個地方找了好幾次，那麼不用說也知道，這絕對不是一個有效率的行為。又或者，如果還沒找遍每一個角落就斷言：「沒有！」這樣也太早下結論了。

當採取不符合 MECE 的尋找方式時，一般人大多會手足無措，不知該如何是好。由於看不見搜尋範圍的全貌，自然而然就會形成這種缺乏效率、不合邏輯的尋找方式。

沒找過

找過 2 次

找過 1 次

找過 3 次

不符合 MECE 的尋找方式

· 效率差
· 缺乏邏輯

（圖 1）

論述一件事情時也是一樣。若一再論及相同的內容，一來不但效率差，二來也有可能未提及所有的可能性。在這種情況下做的結論，很難說是合乎邏輯的。

首先該做的事情應該是保持冷靜，試著**掌握論述主題的整體架構**。其次，互不重複且毫無遺漏的分解、分類。唯有做到這一步，才算是開始進入邏輯思考的範疇。

> **MECE 分類**
> 互不重複且毫無遺漏的分類。

MECE 分類與非 MECE 分類的例子

接下來，我們來看看 MECE 分類和非 MECE 分類的例子吧。

① 依據除以 3 的餘數分類

若把所有整數依據除以 3 的餘數分類，每個數字都可被分類為「餘數為 0（整除）」、「餘數為 1」或「餘數為 2」的其中之一。當然，除以 3 以後餘數為 0 的數字，就不可能同時餘數為 1 或餘數為 2，因此這樣的分類就屬於 MECE 分類。

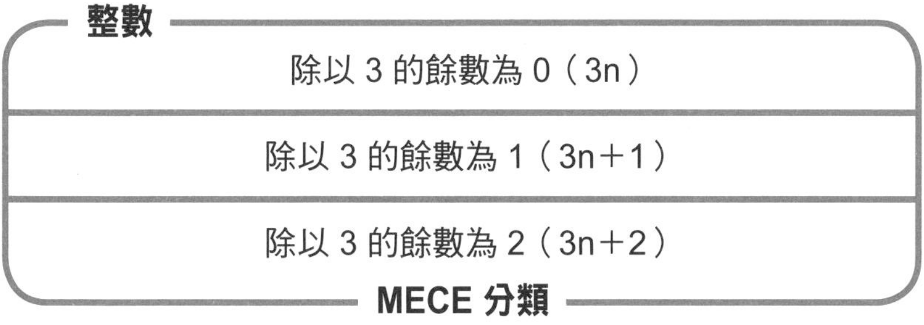

```
┌─ 整數 ─────────────────────────┐
│         除以 3 的餘數為 0（3n）        │
├────────────────────────────────┤
│        除以 3 的餘數為 1（3n＋1）       │
├────────────────────────────────┤
│        除以 3 的餘數為 2（3n＋2）       │
└──────────── MECE 分類 ────────────┘
```

（圖2）

② 三角形的分類

假設把三角形分成「等腰三角形」、「直角三角形」和「正三角形」這三種類型,如此一來就有無法歸類的三角形,也就是有「遺漏」的情形;此外,有三角形既是等腰三角形,也是直角三角形(等腰直角三角形),所以這代表有「重複」的情形。當然,正三角形也是屬於等腰三角形的一種,因此同樣也算「重複」。綜上所述,這種分類就不是所謂的「MECE 分類」。

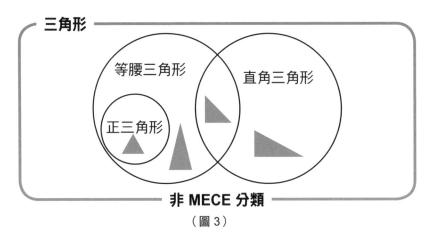

（圖3）

例題1

下列分類何者屬於 MECE 分類?請選出正確答案。

A 把人類分成日本人與歐美人。

B 把人類分成男性、女性及小孩。

C 把人類分成擅長數學的人與不擅長數學的人。

D 把人類分成擅長數學的人與擅長國文的人。

解答

C

A 雖然沒有重複，但由於日本人與歐美人以外的人（例如日本人以外的亞洲人等）無法分類，因此有遺漏。

B 雖然沒有遺漏，但小孩與男性、女性雙方均有重複。

C 屬於 MECE 分類。

D 數學和國文皆不擅長的人無法分類，此外也有數學和國文都擅長的人，因此既有遺漏又有重複。

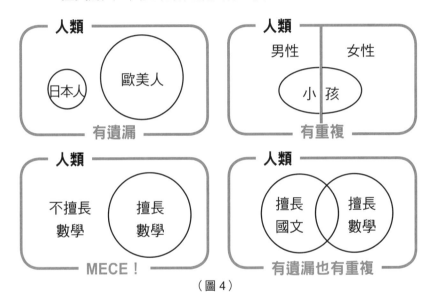

（圖4）

為什麼需要分類？

採用 MECE 原則分類，是為了讓論述進行得更有效率且合乎邏輯，但追根究柢來說，為什麼需要分類呢？

我想一定也有人認為不需要進行分類，一次把事情想個透澈才是比較快的做法吧。

在這裡，不妨先來思考一下以下的數學問題吧。

這個問題不必然要分類討論，不過由於整體架構難以掌握，因此解題時多半會**自發性的思考如何分類討論**。希望能藉由這個方法，讓各位的思考過程變得更容易。

例題2

將正八邊形的任三個頂點連成三角形，請問其中有幾個三角形既不是等腰三角形，也不是直角三角形？（近畿大學）

解 答

16 個

解 說

抱歉一下子就搬出大學的入學考試題目，還是一個相當困難的題目。（^_^;）

由於正八邊形無法區別每一個頂點，因此一開始應該很難找到該從哪一個點切入吧。話雖如此，如果沒頭沒腦的隨便連起對角線的話，不但會讓手中的圖案變得一片黑，還有可能發生重複或遺漏的情形。

因此，這裡就需要使用到**分類討論法**，重點在於「固定」和建立 **MECE** 的規則。

首先，把正八邊形的各個頂點命名為 A～H，然後**把其中一個頂點固定在 A**。接下來就採用**「最短邊分類討論法」**作為 MECE 分類討論的規則吧。

附 註

突然出現「最短邊」這種東西可能會讓人有點不知所措，不過這在圖形問題的分類討論中是相當常見的方法喔。（^_-）-☆

（1）最短邊為 AB 時

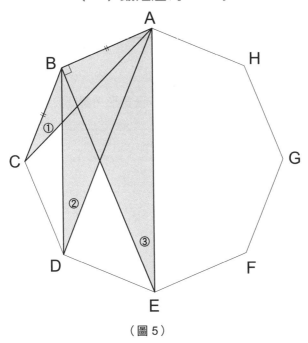

（圖 5）

可以想到的三角形種類是上圖 ①～③ 這三種類型。

類型 ①：△ABC 與△ABH（等腰三角形）

類型 ②：△ABD 與△ABG

類型 ③：△ABE 與△ABF（直角三角形）

其中滿足題意「既不是等腰三角形，也不是直角三角形」的三角形，唯有**類型 ② 的兩個三角形**而已。

附　註

最短邊為 AH 的三角形，請在頂點固定為 H 時再考慮。

（2）最短邊為 AC 時

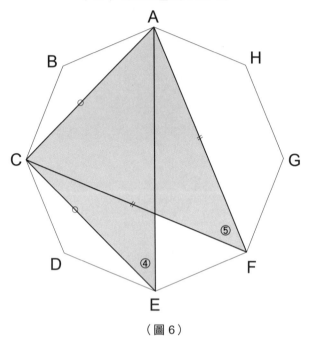

（圖6）

這一回，三角形的種類有上圖 ④ 和 ⑤ 這兩種類型。

類型 ④：△ACE 與△ACG（等腰三角形）

類型 ⑤：△ACF（等腰三角形）

在這種情況下，沒有滿足題意的三角形。

附 註

最短邊為 AG 的三角形，請在頂點固定為 G 時再考慮。

照理來説，接下來要討論的應該是最短邊為 AD 的情況，不過各位試著畫畫看就會知道，最短邊為 AD 的三角形是畫不出來的

（舉例而言，如果畫出△ADG 的話，最短邊就會是 GA）。

當然，最短邊為 AE（直徑）的三角形也不存在。

因此分類討論就只需要考慮（1）與（2）的情況即可。

根據前述可知，**當其中一個頂點固定在 A 時**，滿足題意的三角形只有類型 ② 的兩個三角形而已。所以如果把其中一個頂點固定在 B～H 時，當然也可以推論出同樣的結果。

因此這個題目所求的數字就是：

$$2 \times 8 = 16$$

答案就是 **16 個**。＼（^o^）／

如何呢？其實這個問題並不困難，當採用「最短邊分類討論法」後，是不是就能感受到每個都是很簡單的圖形問題呢？（^_-）-☆

登山法

（圖 7）

只要運用分類討論法分解整體，解決第一個案例後，之後的案例大抵都能用同樣的想法去思考。換句話說，只要認真思考過第一個案例，後續幾乎都可以自動照著做。像這樣的論證法是以最初的

案例為基礎，不斷向上累積其他的經驗，因此又稱「**登山法**」。

　　印象中，我好像看過這麼一句廣告台詞：「無論部長或社長，一開始也都是從菜鳥做起。」不管在什麼地方，對新人而言最重要的事情就是累積經驗。在眾多失敗之中慢慢累積成功經驗，總有一天會成為公司的主戰力，每一次的經驗都會成為下一份工作的助力。

　　當你對眼前的問題毫無頭緒，或者因為數量龐大感覺很複雜，此時就是分類法派上用場的時候了。如果很難一次想個透澈，不妨用 MECE 分類法分解問題後再逐項思考，每一項都會變得很容易。

　　若從這層意義上來說，所謂的分類，其實就是「**分割難題**」。

分類的目的

把難題分割開來！

想要簡單易懂的傳達滿是數字的資料，最好的方法就是**整理成圖表**。除非是平常就習慣接觸數字的人，否則大部分人一看到只有數字的資料就會退避三舍。想讓眾人了解數據所代表的意義或清楚傳達自己的意思，可以多加善用圖表。

（圖 8）

不過圖表有很多種類，必須依據想要呈現的資料特性，選用不同的圖表。**如果選用的圖表不符合資料特性，有可能會招致誤解或反而使人更難理解，務必格外當心。**

在此我想向各位介紹最基本的**四種圖表**，以及這些圖表各自的特性。以下簡單彙總「四種基本圖表」與其目的：

四種基本圖表
① 直條圖（column chart）：表示大小。
② 折線圖（line chart）：表示變化。
③ 圓餅圖（pie chart）：表示百分比。
④ 百分比堆疊橫條圖（band chart）：比較百分比。

那麼，現在就來一一認識這些圖表吧。

① 直條圖：表示大小

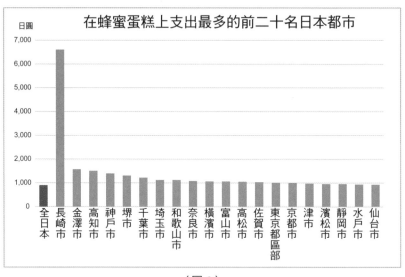

（圖9）

直條圖主要使用在比較數量大小。

上面的圖表是來自日本總務省統計局《家計調查（兩人以上的家庭）項目別都道府縣廳所在市暨政令指定都市排行（2011 年～2013 年平均）》的資料當中，挑選出**〈在蜂蜜蛋糕上支出最多的前二十名都市〉**後製成的直條圖。「全日本」代表日本平均。選擇蜂蜜蛋糕並無特別用意（純粹是筆者個人喜好）。

從這張圖上很明顯可以看出，**長崎市的支出遠高過其他都市。**畢竟長崎是蜂蜜蛋糕的一級戰區，會有這個結果並不意外。

附帶一提，上圖的參考資料如下：

（表1）

全日本	長崎市	金澤市	高知市	神戶市	堺市	千葉市	埼玉市	和歌山市	奈良市	橫濱市
904	6,604	1,569	1,503	1,395	1,306	1,219	1,122	1,122	1,083	1,064
	富山市	高松市	佐賀市	東京都區部	京都市	津市	濱松市	靜岡市	水戶市	仙台市
	1,064	1,053	1,033	1,009	995	972	956	955	935	926

比起這樣閱讀表格，圖表明顯比較容易看出數字的大小吧。

② 折線圖：表示變化

（圖 10）

折線圖適合用來表示變化或推移。

上面的圖表同樣也來自日本總務省統計局《零售物價統計調查（動向篇）》的資料，根據 2010 年 1 月～2015 年 2 月**東京都區部汽油零售價格的變化**，繪製而成的折線圖。從這張圖表即可知道，油價在 2011 年與 2012 年的年初急遽攀升，在 2012 年的春季前後大幅下降，其後一路攀升到 2014 年的夏季左右，然後又在 2014 年的秋季以後大跌。此外，2015 年 2 月價格約等同於 4 年前（2011 年）的部分也一目瞭然。

折線圖也適合用來比較多筆資料的變化。次頁的圖表（圖 11）是把上述同一期間的**美元／日圓匯率走勢**，與汽油價格的變化合併繪製而成。

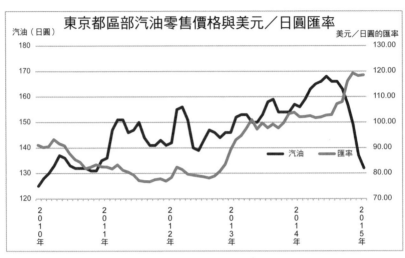

（圖 11）

當日圓走貶時，進口品的價格就會上升，這是一般的「常識」。不過從上圖可知，即使日圓走貶（向右攀升），汽油價格一樣會下降；即使日圓走升，汽油價格仍然有可能會上漲。由此可見，**匯率對汽油價格的影響並不（如想像中那麼）大。**

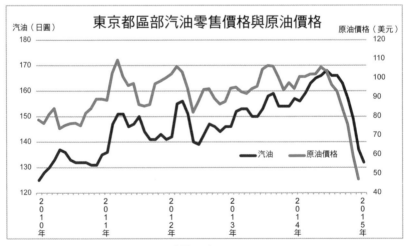

（圖 12）

接下來，把原油價格的資料合併在一起看看吧。

一看就知道，**汽油和原油價格的變化極為相似**。所以在汽油價格的變動上，相較於匯率，應該是**原油價格的影響比較大**（衡量兩種資料之間的相關性指標，將在第三章深入說明）。

附 註

原油價格的資料是從美國能源資訊署（EIA）所提供的「Petroleum & Other Liquids/DATA」當中，引用西德州中級原油（West Texas Intermediate, WTI）的期貨價格，以每桶（約 159 公升）平均的美元表示。

看折線圖時的注意事項

在看折線圖的時候，有一件事情必須特別注意，那就是**製圖者在某種程度上可以操作折線圖給人的印象**。

次頁的圖表（圖 13）是根據剛才的汽油價格變化資料，**把縱軸數值範圍擴大後**的結果。若光從這張圖表來看，恐怕會給人價格幾乎呈「水平」變動的印象吧。

原始的參考資料明明一模一樣，給人的印象卻南轅北轍。

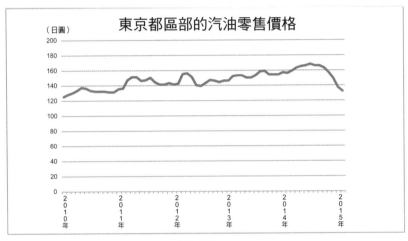

（圖 13）

　　把縱軸的數值範圍恢復原狀，但這次**縮小圖表的橫軸**，結果又會產生不同的感覺。

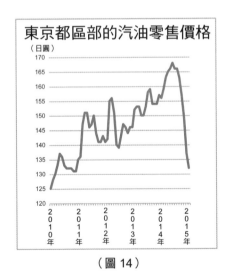

（圖 14）

比起一開始的圖表，**感覺價格的波動好像更劇烈了**。所以在看折線圖的時候請格外留意，不要憑第一眼的印象就輕率做出判斷。

看折線圖時的注意事項
製圖者可以操作圖表給人的印象。
例如：縱軸的數值範圍大⇒給人變化小的印象。
　　　圖表的橫軸寬度小⇒給人變化大的印象。

③ 圓餅圖：表示百分比

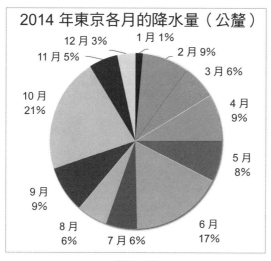

（圖15）

圓餅圖**適合用來表示各個項目在全體之中所占的比例。**

前頁的圓餅圖是來自日本氣象廳《東京 2014 年（每月數值）》的資料，根據降水量繪製而成的圓餅圖。由此圖可知，6 月與 10 月的降水量在整年中比例特別大。此外，從這張圖表也看得出來，**上半年度（1 月～6 月）與下半年度（7 月～12 月）的合計降水量幾乎相等。**

　　6 月因為有梅雨，所以降水量多是理所當然的事，但為什麼 10 月的降水量又比 6 月更多呢？那是因為 2014 年 10 月的時候，颱風為日本關東地區帶來龐大的降水量所致。

　　附帶一提，如果用直條圖繪製相同的資料，就會得到以下的結果。

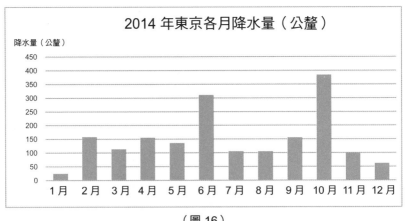

（圖 16）

　　如果繪製成直條圖，正如前文所述，各月降水量的多寡一目瞭然，但如此一來就很難看出各月所占的比例，或是上半年度與下半年度幾乎相等的事實。**直條圖並不適合用來比較各項目所占的比例。**

　　繪製圓餅圖的時候請注意，使用的資料必須是合計為 100% 的資料。

舉例而言，如果是①直條圖範例中所提到的〈在蜂蜜蛋糕上支出最多的前二十名都市〉，由於各項數值是從全體當中挑選部分出來，因此**在合計未達 100%的前提下，自然不應該繪製成圓餅圖**。

　　另外像是在統計問卷結果的時候，如果答案可以複選的話，**合計就會超過 100%，所以也不能繪製成圓餅圖**。

④ 百分比堆疊橫條圖：比較百分比

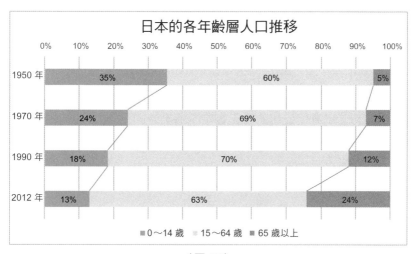

（圖 17）

　　百分比堆疊橫條圖**適合用來比較相同項目的比例，在不同年代或不同條件下如何變化**。

　　上面的百分比堆疊橫條圖，是來自日本總務省統計局《日本的統計 2015》〈第二章：人口與家庭〉的資料，根據 1950 年、1970 年、1990 年以及 2012 年**各年齡層人口推移**繪製而成的圖表。

　　由此圖表即可知，0～14 歲的「幼年人口」比例正在遞減，65 歲以上的「老年人口」比例則有增加的趨勢。

唯有一點要注意的是，**百分比堆疊橫條圖無法呈現總數的增減，因此無法從中得知各項絕對數值是否增加或減少。**

　　事實上，在前頁的資料當中，「老年人口」的比例在 1950 年到 2012 年間成長了約 5 倍（5%→24%），但這段期間的總人口也從 8,400 萬人左右增加至 1 億 2,800 萬人，而「老年人口」的絕對數值大約成長了 7.5 倍（約 400 萬人→約 3,000 萬人）。這個部分無法從百分比堆疊橫條圖中讀取到。

例題3

　　請問在下列各種情況下，選用哪一種圖表最清楚易懂？請從 A～D 當中選出最合適的答案。

（1）想比較全班前十名同學的成績。

（2）想知道全公司的員工當中，通勤時間在 30 分鐘以內、30 分鐘～1 小時以內，以及 1 小時以上的人，分別占多少比例。

（3）想比較都市與鄉下大學生 1 天的時間分配（睡眠、用餐、讀書、打工、興趣、家事等）。

（4）想知道最近 2 周的體重變化。

> A 直條圖　B 折線圖　C 圓餅圖　D 百分比堆疊橫條圖

解 答

（1）A（2）C（3）D（4）B

解 說

　　（1）**比較成績的高低**，適合使用**長條圖**。另外，由於比較的

對象是「前十名同學」（而非全班同學），因此無法使用圓餅圖。

（2）想知道全公司員工的通勤時間**各占多少比例**，適合使用**圓餅圖**。

（3）**想比較比例**，適合使用**百分比堆疊橫條圖**。

（4）**想了解變動情形**，適合使用**折線圖**。

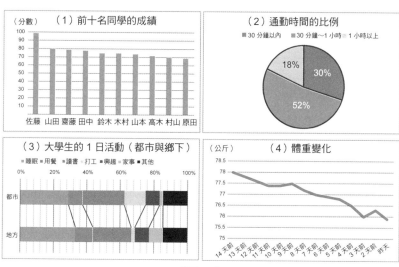

（圖 18）

　　這一節要介紹的是如何藉由「數學式」的整理法來**增加資訊量**，其中的關鍵字就是**「乘法」**。

　　首先，請看下面這張圖。

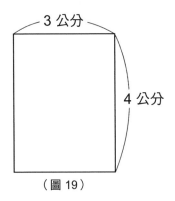

（圖 19）

　　3 公分是長方形的寬度，4 公分是長度，現在來想想看這兩個數字相加和相乘後的結果。

　　首先是加法計算。

　　3 公分＋4 公分＝7 公分

沒錯吧（這是理所當然的）。

　　那麼加法計算所得的結果「7 公分」，究竟代表什麼意義呢？我知道可能有人會說：「沒什麼意義。」但勉強要說的話，這個數字代表的就是長方形周長的一半。

　　接下來，把這兩個數字相乘看看。

3 公分×4 公分＝12 平方公分

這一次得到的值是「12 平方公分」。不用説也知道，這個答案代表的是長方形的面積。

現在，請**把目光焦點擺在**結果的**單位**上。加法的結果「7 公分」與「3 公分」或「4 公分」一樣，都是「公分」。換句話説，「3 公分＋4 公分＝7 公分」的算式是：

長度＋長度＝長度

另一方面，乘法的結果「12 平方公分」的單位與「3 公分」或「4 公分」不同，是新的單位「平方公分」。因此「3 公分×4 公分＝12 平方公分」的算式是：

長度×長度＝面積

當兩數相加的時候，計算的結果與相加的兩個數字都是同樣的單位，但**當兩數相乘時，得到的結果卻會與相乘的兩個數字不同單位**。

不僅是這樣而已。

即使使用的是不同意義（單位）的數字，乘法通常也能成立。
比方説「速度」與「時間」。速度與時間相乘就是：

速度×時間＝距離

而且計算出來的結果，還會得到「距離」這個擁有全新意義的值。其他還有很多相同的例子。

密度×體積＝質量
底面積×高＝體積

食鹽水的質量×濃度＝食鹽的重量

總打席數×打擊率＝安打數

具有不同意義（單位）的數字不能相加（就算勉強相加，結果也毫無意義），但是乘法卻可以這麼做，而且還會**得到全新意義的結果**。

> 相乘可以創造出新的東西！

何謂次元？

相信各位已經知道，乘法可以創造出全新意義的東西，但究竟要如何才能把這項特性活用在「整理」上呢？

想要把乘法的這項特性活用在整理上，最好先理解一個概念，那就是**「次元」**。

次元的英文是「Dimension」。影像很立體，感覺會從電視螢幕當中跑出來的「3D 電視」的 D，就是「Dimension」的字首。

（圖 20）

那麼所謂的「次元」，究竟是什麼意思呢？

各位可以把次元代換成「自由度」，應該就比較容易理解了。

「一次元的世界」就是「擁有一種自由度的世界」。舉例而言，數線上的點「P」一旦決定是「3」這個值的話，位置就固定了。決定一個值以後位置就固定的話，代表自由度只有一種，因此**數線是一次元。**

【1 次元】

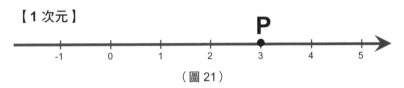

（圖 21）

同理，「二次元的世界」就是「擁有兩種自由度的世界」。

在橫軸為 x 軸、縱軸為 y 軸的平面座標系上，即使決定點 P 的 x 座標（或 y 座標）為「3」，位置也不會固定在一處。平面座標系上的點一定要像（3,4）這樣決定 x 座標與 y 座標，位置才會固定下來。

若不決定兩個值就無法固定位置，這表示有兩種自由度。因此**平面座標系屬於二次元。**

【二次元】

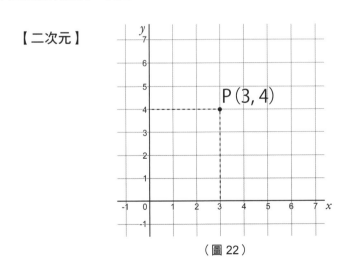

（圖 22）

至於三次元的世界⋯⋯相信各位已經知道了吧。

三次元的世界就是「擁有三種自由度的世界」。正如擁有 x 軸、y 軸以及 z 軸的立體座標系，點 P 一定要像（3,4,5）這樣決定三個值，位置才能夠固定下來，因此**立體座標系就是所謂的三次元**。

【三次元】

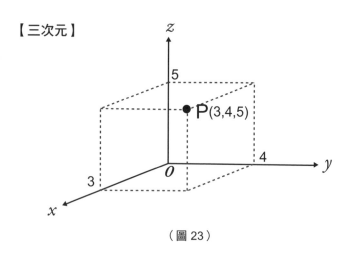

（圖 23）

次元即「自由度」

一次元⋯⋯一種自由度⋯⋯直線

二次元⋯⋯兩種自由度⋯⋯平面

三次元⋯⋯三種自由度⋯⋯立體

相乘以後次元增加

現在我們已經更了解次元的意義了，再回頭來看乘法的計算。剛才提到的例子是：

速度×時間＝距離

假設有一輛行駛速度固定的汽車。

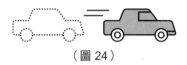

（圖24）

如果想求這輛汽車移動的距離，光知道速度是不夠的（當然光知道行駛的時間也不行）。為了確定汽車移動的距離，就必須要決定速度與行駛時間這兩個值。沒錯！在這種情況下，汽車移動的距離就是「**二次元的數字**」。

實際計算的話，時速 30 公里行駛 4 小時的汽車，移動的距離就是：

30〔公里／小時〕×4〔小時〕＝120〔公里〕

所以答案就是 120 公里。

但按照前面寫到「**二次元……兩種自由度……平面**」，汽車移動的距離也能用平面來表示嗎？

事實上，汽車行駛的距離可以用下面這樣的圖表，**以長方形的面積來表示。**

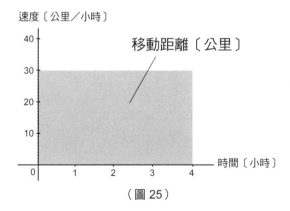

（圖25）

像前頁（圖 25）這種縱軸為速度（velocity）、橫軸為時間（time）的圖表，在物理上就稱 v-t 圖。即使不是等速運動，v-t 圖的面積還是可以表示移動距離。

經過以上的說明即可明白，**將兩個一次元的數字相乘，便可得到二次元的數字，且二次元的數字可用平面表示。**

目前為止說了這麼多，不曉得各位是否能理解乘法的功能了呢？為求謹慎，以下整理出這個部分的重點。

乘法的功能
① 不同意義的項目也能相乘。
② 乘法可以創造出新的東西。
③ 相乘後次元會增加，並可以用平面表示。

若不計較語病的話，**乘法擁有的功能遠多過於加法。**事實上，數學裡的和→積的變形是非常重要的。而且這種「乘法的功效」不僅是針對變形而已，對於資訊的整理也大有幫助。

接下來要介紹的**矩陣**也是「結合不同意義的事物創造出新的東西，並用平面加以表示」，堪稱標準的乘法工具之一。

矩陣

矩陣（matrix）的原意其實是排列，不過這裡要介紹的是屬於邏輯架構之一的「矩陣」。

那麼邏輯架構又是什麼呢？我想應該有很多人覺得很眼熟吧，因為近年來這個用語經常出現在書籍、雜誌或網路上。

邏輯思考中所謂的**邏輯架構（framework）**，簡單來說就是**簡化思考或整理程序的工具（框架）**，而矩陣也是這種方便的工具之一。

（邏輯架構之一的）矩陣指的是將 A 要素與 B 要素，一個放在橫軸，另一個放在縱軸，變成以下這樣的圖形。

矩陣

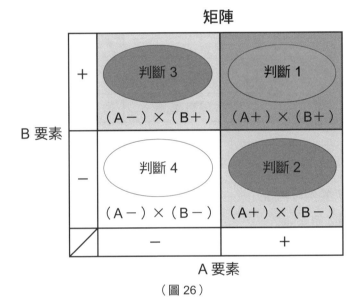

（圖 26）

把兩種要素的＋－（大小、多少、高低、新舊等）相乘，**即可產生新的判斷**。以下就來介紹三種最具代表性的矩陣吧。

① PM 矩陣

橫軸為**產品（Product）**，縱軸為**市場（Market）**，並分別從「現有的」與「新的」這兩個面向去思考。

這種矩陣主要在企業開始投入**新事業**等時候，用於判斷一項事業是否有挑戰的價值，或者只是危險無謀的決策。

PM 矩陣亦稱**「安索夫的市場擴張矩陣」**。

PM 矩陣

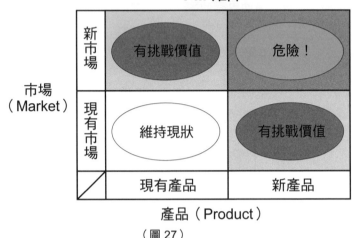

（圖 27）

・由此矩陣可判斷

（1）新產品×新市場＝**危險**

（2）新產品×現有市場＝**有挑戰價值**

（3）現有產品×新市場＝**有挑戰價值**

（4）現有產品×現有市場＝**維持現狀**

在新市場銷售新產品的未知數太多，因此判斷為「危險」。另一方面，在現有市場銷售新產品，或是在新市場銷售現有產品，都是以現有的東西投入新的發展，因此可以說是「有挑戰價值」。而如果產品與市場都是現有的話，當然就是「維持現狀」了。

② Will-Skill 矩陣

　　橫軸為**意願（Will）**，縱軸為**能力（Skill）**，並分別從「高」與「低」這兩個面向去思考。

　　使用這種矩陣，即可在面對工作夥伴或下屬時，判斷該採取什麼樣的態度才能讓**溝通**更有效率。

Will-Skill 矩陣

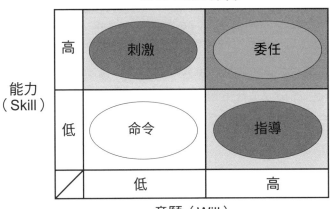

（圖 28）

・由此矩陣可判斷

　　（1）意願高×能力高＝**委任**
　　（2）意願高×能力低＝**指導**
　　（3）意願低×能力高＝**刺激**
　　（4）意願低×能力低＝**命令**

　　如果是既有意願又有能力的人，就可以把工作「委任」給他。其次，雖然有意願卻沒什麼能力的人，未來的發展潛力高，應該好好給予「指導」。反之，如果是意願低但能力高的人，必須採用時

而褒獎時而訓斥的方式,「刺激」他提高工作動力。至於面對意願低且能力也低的人,恐怕只能採取「命令」的方式了(或是設法提高意願或能力的其中之一,期待他能夠轉移到其他的分類)。

③ SWOT 矩陣

橫軸為**內部環境**,縱軸為**外部環境**,內部環境分成優勢(Strength)與劣勢(Weakness),外部環境則分成機會(Opportunity)與威脅(Threat)這兩個面向去思考。「SWOT」就是上述四種面向的字首。

這種矩陣主要是讓企業根據內部環境掌握公司的優勢與劣勢,並根據外部環境進行市場或競爭的分析,以**判斷公司在當前的商業環境中應該採取何種策略。**

SWOT 矩陣

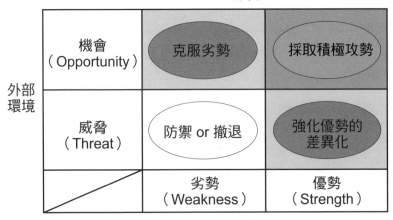

(圖 29)

· 由此矩陣可判斷

(1)內部環境強×有機會=**採取積極攻勢**

（2）內部環境強×有威脅＝**強化優勢的差異化**

（3）內部環境弱×有機會＝**克服劣勢**

（4）內部環境弱×有威脅＝**防禦 or 撤退**

當公司具有優勢（內部環境強）且市場大或競爭少（有機會），**「採取積極攻勢」**應該會帶來龐大的利益。如果公司具有優勢，但缺乏市場或競爭激烈（有威脅），應該需要採取**「強化優勢的差異化」**策略，例如開拓新市場，或是創造出別人無法模仿的產品或服務等等。如果明明有市場或競爭小，但公司卻有弱點的話，就必須**「克服劣勢」**才能把握事業機會。如果公司既有弱點又沒市場或市場競爭激烈，勢必得考慮**「防禦或撤退」**以迴避最糟糕的狀況。

最具代表性的矩陣

① PM 矩陣

② Will-Skill 矩陣

③ SWOT 矩陣

例題4

假設你正經營一家咖啡店，目前主要的顧客是 OL，主要提供的商品是咖啡。

如果想要擴張咖啡事業的話，請問以下兩種方案中，哪一種才具有挑戰的價值呢？請使用 PM 矩陣進行判斷。

A 方案：提供午餐給上班族

B 方案：提供午餐給 OL

B 方案

現有產品是咖啡，新產品是午餐，現有市場是 OL，新市場是上班族。把這些條件放進 PM 矩陣裡，就會得到以下的結果。

PM 矩陣

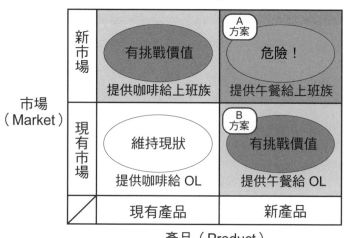

（圖 30）

根據以上內容可判斷，B 方案的**「提供午餐給 OL」**較具挑戰**價值**。

自古以來，日本就把「不靠言傳的默契」或「察言觀色」視為美德，換句話說就是「心領神會」的文化。不靠語言就能傳達心情或理解對方想說的話，確實會讓人心情愉快。

只是把「心領神會」視為美德的文化，其實也是**誤解的溫床**。尤其在全球化迅速發展的現代，文化背景相異者之間的溝通已成為前提。在這種情況下，期待「不靠言傳的默契」或「察言觀色」是非常危險的事。

事實上，即使說**溝通問題幾乎都是從誤解而來的**也不為過。

舉例而言，假設社團教練對某個新進社員說：「明天 7 點在操場集合，不要遲到了。」

隔天早上，新進社員按照教練的吩咐在 7 點準時抵達操場。不過穿著制服的只有新進社員一人而已，其他社員全部都換上了隊服。

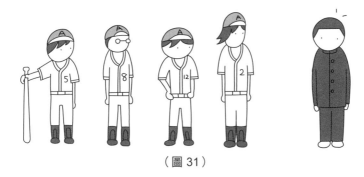

（圖 31）

當新進社員還來不及反應時，教練出現了，劈頭就罵：「混帳東西！你竟敢遲到！」

不用說也知道，原因就出在新進社員不懂那個社團的「集合」是什麼意思。教練與其他社員的「集合」是換好隊服後集合，新進社員的「集合」是穿著制服直接來集合，這就是他們各自對「集合」的不同解讀。

本節要介紹的就是避免誤解最基本且重要的觀念，關鍵字就是**「確認定義」**。

帕斯卡的說服術

（出處：「Wikipedia」）

（圖 32）

「人是有思想的蘆葦。」說出這句名言的是 17 世紀哲學家暨科學家帕斯卡（Blaise Pascal, 1623～1662）。他曾提出兩種說服別人的方法，一是**建立邏輯性論述以駁倒對方**，二是採取能夠討對方歡心的說法。

只是帕斯卡也說過，後者的方法「我自己是做不到的」，所以他僅針對前者的方法提出詳述而已。

事實上，帕斯卡本身是非常知名的作家，筆下留有許多如「人是有思想的蘆葦」這種打動人心的錦句箴言，因此「做不到」應該是他的自謙之詞。

在透過數學學習邏輯思考的本書中，的確也是以前者的方法為重。

帕斯卡的說服術建立在以下三種規則上。

規則一：與定義有關的規則

規則二：與公理有關的規則

規則三：與論證有關的規則

此處特別要介紹的是「規則一」的部分。帕斯卡提出的「與定義有關的規則」如下：

・帕斯卡的說服術——與定義有關的規則

① 如果這個用語已經明確到沒有比這更清楚的用語，就不需要再加以定義。

② 如果這個用語有任何不清楚或模糊之處，一律必須加以定義。

③ 定義用語之際，僅使用一般人充分認知或已說明過的詞語。

（出處：《數學序說（暫譯）》（吉田洋一、赤攝也著／筑摩書房））

彙總上述的內容，大概就是以下的意思：

> **帕斯卡的說服術——與定義有關的規則**
>
> 除非是任何人都清楚含意的詞語，否則所有使用的詞語都要
> 明確定義。

問題是「任何人都清楚含意的詞語」，範圍究竟到哪裡？關於這一點，我想應該很多人會認為「只要是在常識的範圍內，就不需要再加以定義了吧。」

但是溝通之中最麻煩的，其實就是這個「常識」。

「常識」並不通用

何謂定義？定義就是**「將事物的意義或內容，透過語言明確的加以限定，以與他者區別。」**（參考《大辭泉》）

想要向人說明某件事情時，一開始應該明確的告知：「我接下來要使用的這個用語是……的意思，除此之外沒有他意。」在一般人的觀念裡，這應該是非常理所當然的事吧。但是實際上，正如最前面提到的社團案例，很多人常常抱持著「這種事情是常識（理所當然）」的心態，就不把定義當成一回事，結果就不斷發生**說話者與聽話者把同一個詞語解讀成不同意思**的狀況。

這樣一寫，恐怕會有人說：「這都要怪沒常識的人。」但事情真的是這樣嗎？在前文的社團案例中，真的只有新進社員需要被指責嗎？對方明明是新進社員，教練卻沒告訴他：「在集合時間之前要換好隊服過來。」所以教練自己應該也要負一部分的責任吧。

關於「常識」，愛因斯坦曾說過這麼一句話：

"Common sense is merely the deposit of prejudice laid down in the human mind before the age of 18."

翻成中文就是：**「常識就是人到 18 歲為止所累積的各種偏見。」**

我一直將這句話銘記在心，當作一種自我警惕。因為自己所認為的常識，很多時候不過就是自己的偏見而已。當然，身為一名社會人士，具備常識是很重要的，同時，也別忘記時時刻刻捫心自

問：「這真的是『常識』嗎？」因為**對自己而言是常識的事，對他人而言或許並不是常識，這種事情隨時都有可能發生**。

再回頭看前面的社團案例，對於新進社員而言，「集合」兩字完全就是字典上的意思，這就是新進社員所認為的常識；但是對於教練或其他社員而言，每次說到「集合」，「換好隊服後集合」才是「常識」。

不同於「字典的定義（多數人所認為的常識）」，上述這種**地區性或團體特有的「區域性定義」**的情形其實並不少見。

無論是在向人傳達訊息時，或者是有人向自己傳達訊息時，若能不厭其煩的確認詞語的定義，應該就能避免掉許多不必要的誤解。

避免誤解的特效藥
不厭其煩的確認詞語的定義
（尤其要當心「區域性定義」！）

「＝」的定義

我是從數學中，學到必須不厭其煩確認語詞定義的重要性。

在指導國中生的期間，我發現有不少學生會犯以下這樣的錯誤（有時候連高中生也會犯同樣的錯誤）。

$$\frac{3}{2}+1=\left(\frac{3}{2}+1\right)\times2=3+2...（1.1 式）$$

這種錯誤來自於：

$$\frac{3}{2}x+1=0$$

學解這種方程式的時候，因為分數係數「3/2」不易計算，因此把兩邊都乘以 2，變成：

$$\left(\frac{3}{2}x+1\right)\times 2=0\times 2\ldots（1.2\ 式）$$

$$\Rightarrow 3x+2=0$$

囫圇吞棗的結果，就發生了上述的錯誤。

如果要避免發生像 1.1 式那種錯誤的變形式，必須知道（確認）「＝」這個符號的定義才行。

「＝」稱作「等號」，**是一個用來表示「＝」左側與右側相等的符號**。說起來好像理所當然，但究竟有多少孩童知道這個定義呢？

$$2+3=5$$

日本的學生從小就習慣把這個式子念作「2 加 3『是』5」，正因為很多學生認為「＝」的意思等於「是」，所以才會在學到 1.2 式的變形以後，犯下 1.1 式那樣的錯誤。順帶一提，由於小學生不知道 1.2 式的變形，因此幾乎不會犯下像 1.1 式那樣的錯誤。

只是，用來「表示左邊與右邊相等」的「等於」一詞，其實也是個相當模稜兩可的用詞。

舉例而言，當 A 同學的身高等於 170 公分的時候，如果寫成：

A 同學＝170〔公分〕

請問這裡使用「＝」的方法可以說是正確的嗎？

感覺上好像是正確的，但假如 B 同學的身高也是 170 公分的話：

B 同學＝170〔公分〕

如此一來就會變成：

　　A 同學＝170〔公分〕＝B 同學

不過這樣一來，就會導出以下的結果：

　　A 同學＝B 同學

這樣似乎不太合理吧。

　　為了迴避這種似是而非的狀況，數學當中也**明確定義了「等於」的意思**。

　　數學當中所謂的「等於」，指的是同時滿足以下三項條件的關係（正式的說法是「滿足等價關係」）。

・等價關係成立的三項條件
　① 反身性：**a≈a**
　② 對稱性：**a≈b ⇒ b≈a**
　③ 遞移性：**a≈b 且 b≈c ⇒ a≈c**

附　註

雙波線「≈」是用來表示左邊與右邊關係的任意符號，也可用「★」等符號取代。

　　若 ①～③ 全部都成立的話，「≈」就會變成「＝」。

　　各項條件翻譯出來就會是以下的意思：

　① 反身性：自己等於自己本身

　② 對稱性：若 a 等於 b，則 b 等於 a

　③ 遞移性：若 a 等於 b，且 b 等於 c，則 a 等於 c

所謂的「＝」，就是用來表示上述「等價關係成立的三項條件」全部成立的符號。如果像這樣明確定義「＝」，那麼：

A 同學＝170〔公分〕

由於這個等式不滿足 ③ 的遞移性，因此可知這個等式是錯誤的。

太初有定義

讀到這裡，你可能心想：「為什麼連這麼麻煩的事都要思考啊？」不過對於「＝」，唯有（不厭其煩的）定義到這種程度，我們才有辦法應付以下這樣的問題。

下面這張圖，曾在推特或臉書等社群網站上廣為流傳，標題是「小孩子可以在數分鐘內完成，大人卻解不開的問題」。

This problem can be solved by pre-school children in
five to ten minutes, by programmers in an hour and by
people with higher education... well, check it yourself!

8809 = 6		5555 = 0
7111 = 0		8193 = 3
2172 = 0		8096 = 5
6666 = 4		1012 = 1
1111 = 0		7777 = 0
3213 = 0		9999 = 4
7662 = 2		7756 = 1
9313 = 1		6855 = 3
0000 = 4		9881 = 5
2222 = 0		5531 = 0
3333 = 0		2581 = ???

（出處：「Are You Smarter Than A Pre-Schooler?::YummyMummyClub.ca」
http://www.yummymummyclub.ca/blogs/sharon-devellis-inside-scoop/are-
you-smarter-than-a-pre-schooler）

（圖 33）

相信有許多讀者已經知道答案了，在這個「問題」當中，「＝」右邊的數字代表「＝」左邊數字當中總共有多少個〇（圓或橢圓）。

例如第一式：

$$8809 = 6$$

意思就是：「8809 當中所含的〇數『是』六個。」

如果用這樣的方式解釋的話，那麼「2581」當中所含的〇數就只有「8」這個數字當中的兩個〇而已，因此正確答案就會是：

$$2581 = 2$$

相信各位也注意到了，這裡的「＝」使用方式在數學上完全不正確。若按照這套規則來看，「$1 \neq 1$」，即 1 不等於其本身，而且雖然「$6 = 1$」，但「$1 \neq 6$」。此外，明明「$10 = 1$ 且 $1 = 0$」，可是「$10 \neq 0$」。

因為 ① 的反身性、② 的對稱性以及 ③ 的遞移性全部不成立，所以這個問題的「＝」使用方式完全不合邏輯。

當然，這只不過是一種玩笑而已，如果因為這樣就故意找碴似的大聲批評説：「大錯特錯！」也未免太孩子氣了。

不過如果是在人際關係中更重要的場合，發生這種**欠缺定義（或錯誤）的情況**，應該不難想像**後果會有多麼不堪設想**。

正因如此，把邏輯性看得比一切都重要的數學，才會在一開始就對其用語賦予嚴格的定義。

若仿照《聖經》的第一句話：「太初有道」，那麼**數學可以說是「太初有定義」**。

意思模稜兩可的詞語

相信各位都已經明白，在建立邏輯性論述之際，若使用的詞語在意思上含糊不清，一開始就應該確認定義這件事情是非常重要的。然而在實際生活中，如果必須確認定義的詞語太多，耗費在確認上的物理時間恐怕會導致對話或工作延滯，使得溝通無法順利進行下去。

因此，至少在自己所使用的言詞上，**應該極力避免選用意思模稜兩可的詞語**。

那麼究竟「意思模稜兩可的詞語」，指的是什麼樣的詞語呢？

我認為「意思模稜兩可的詞語」包括以下四種：

· NG 用詞

① 推測表現

例：「應該」、「恐怕」、「才對」等等

② 與數量或時間有關的表現

例：「偌大的」、「許多的」、「一點」、「盡快」等等

③ 包含主觀判斷的表現

例：「一般而言」、「任何人都」、「少見」等等

④ 不必要的外來語

例：「initiative」、「agenda」、「scheme」等等

碰到這種 NG 用詞時，可用以下的方式加以代換。

· NG 用詞處置法

① 代換成肯定表現

例：「我想應該會在明天 12 點以前送到。」

→「明天 12 點以前會送到。」

② **代換成數字**

　例：「可以占用您一點時間嗎？」

　　→「可以占用您 3 分鐘的時間嗎？」

③ **代換成客觀的判斷依據**

　例：「一般來說都會成功。」

　　→「過去 100 次當中有 90 次是成功的。」

④ **翻譯成中文**

　例：「由你當 initiative，制定 agenda。」

　　→「由你來帶頭，負責制定議程。」

　① 不用解釋也很清楚了吧。至於 ② 的部分會在下一節深入討論。另外關於 ③ 的部分，雖然不可能每次都有客觀依據可以代換，但若碰到這種情況，最好加一句「按照我個人的見解」，清楚表明這是根據主觀意見做出的判斷。

　④ 的外來語講起來往往讓人覺得很有型，因此很多人在使用時其實並不理解其中的定義（意思），容易變成只有自己才懂。

附　註

話雖如此，本書的原文書名也包含「logic thinking（邏輯思考）」這個外來語呢。但本書所說的「logic thinking」的意義，已經在「序章」當中介紹過了。此外，本書整體而言也可以算是一本定義何謂「logic thinking」的書籍。

意思模稜兩可的詞語

① 推測表現→代換成肯定表現。

② 與數量或時間有關的表現→代換成數字。

③ 主觀判斷→代換成客觀依據。

④ 不必要的外來語→代換成中文。

例題5

下列陳述皆包含意思模稜兩可的詞語。請用明確的意思代換，修改這些句子。

（1）我希望可以在明天之前完成這件事。

（2）可以請你留下來加班一下嗎？

（3）我們應該需要 compliance 的 scheme 吧。

解答範例

（1）我會在明天下午 5 點以前完成這件事。

（2）可以請你留下來加班 30 分鐘嗎？

（3）我們應該需要一套符合法令規範的系統吧。

解　說

（1）用「明天之前」這種表現方式，聽不出來究竟是「明天上班前」、「明天中午前」還是「明天下班前」，因此這裡應該要用**具體的數字表明**。此外，「我希望可以」也是一種模稜兩可的表現方式，因為當中包含了推測表現。請負起責任給予肯定的回覆吧。

（2）「一下」這種表現方式也含糊不清，**必須明確表達需要幾分鐘（幾小時）才恰當**。

（3）「compliance」與「scheme」都是最近在日本很常聽見的用詞，但真正理解意思的人似乎不多。像這種流行一時的**外來語，最好親自翻閱字典，確認一下定義。**

compliance：遵循法令。尤指企業依循規定，公平、公正的執行業務。（參考《大辭泉》）

scheme：計畫、企畫、系統、架構。（參考《大辭泉》）

無論如何，凡是意思不清不楚的流行外來語，盡量不要隨便使用才是最保險的方式。

　　前面第四節提到在與數量或時間有關的表現上，容易出現意思模稜兩可的情形，因此最好用數字加以代換。

　　事實上，比起「大部分人都贊成」的說法，若能代換成「八成的人都贊成」，應該比較容易想像，也比較不容易造成誤解吧。但使用數字的好處可不只是「不容易造成誤解」而已，尤其是在說服他人所需的**簡報當中，數字是最有力的武器**。

　　這一節要介紹的，就是可運用在簡報當中的**「賦予數字意義」**。

向賈伯斯學習數字使用法

（圖34）

　　若說到以壓倒性說服力風靡全世界的人物，應該有很多人會想到已故的史蒂夫・賈伯斯（1955～2011）吧？如果有一項問卷要大家選出一個簡報達人的話，我想賈伯斯應該會獲得壓倒性多數的支持，成為第一名。

為了解開賈伯斯魅力之謎，世人紛紛從不同的切入點去分析他的簡報方式，但任何時候都一定會被提到的一點，就是他有多麼**擅長使用數字**。

數字如果只是被一股腦的排列在眼前，很容易使對方感到疲倦或無聊。**唯有讓人理解當中所含的意義，才能發揮出數字的巨大力量。**

以下就來舉幾個例子吧。

2001 年 10 月 23 日，蘋果發表了一款劃時代的可攜式數位音樂播放器，那就是 iPod。第一代 iPod 的「賣點」是機身輕達 185 公克，並且擁有 5GB 的大容量。

不過如果只說：「這次新推出的可攜式數位音樂播放器是 185 公克，容量為 5GB。」想必應該沒有多少樂迷能夠理解那是一款多麼劃時代的產品吧。

所以賈伯斯在介紹 iPod 的時候，完全不使用「185 公克」或「5GB」等數字。取而代之，他所使用的是以下這句簡短的廣告語：

「把 1000 首歌放進口袋裡。」

真是無懈可擊。

用「1000 首歌」取代「5GB」，用「放進口袋裡」取代「185 公克」，這讓 iPod 帶來的衝擊瞬間提升數十倍。

再介紹一個賈伯斯使用數字的例子。

在 2008 年的 Macworld（發表、展示蘋果產品的活動）上，賈伯斯曾介紹說 iPhone 在開賣後的 200 天內，達到 400 萬支的銷售量。

「400 萬」確實是一個很厲害的數字，但一旦數字大到一定程度，一般人通常就很難產生具體的想像。對於「400 萬」、「40 萬」以及「4,000 萬」的印象沒太大差別的人也不在少數。當然，賈伯斯本人非常清楚這件事，因此他當下立刻補充道：「平均計算下

來，等於每一天賣出 2 萬支 iPhone。」

$$400〔萬支〕÷200〔天〕＝2〔萬支／天〕$$

　　雖然是非常簡單的計算結果，但經由這樣簡單的形式讓大家理解「200 天內銷售 400 萬支」的意義以後，相信各位一定能夠感覺到數字的說服力有了飛躍性的提升。

　　賦予數字「意義」。

把龐大的數字換算成「單位平均量」

　　就像把「200 天銷售 400 萬支」換算成「平均 1 天銷售 2 萬支」比較容易理解一樣，**只要把龐大的數字換算成「平易近人的單位平均量」，就能更容易傳達出數字的意義。**

　　比方說 1 兆日圓（約新臺幣 3,000 億元。匯率為 2016 年 5 月 31 日臺灣銀行新臺幣兌日圓匯價 0.30，以下皆同）好了。請問你能夠正確無誤的想像出「1 兆」究竟有多大嗎？

　　事實上，在我的長女（當時 5 歲）問我**「數到 1 兆要花多少時間」**之前，我也從來沒有思考過「1 兆」究竟有多大。

　　經我長女這麼一問，我當場就概算了一下。

　　「假設 1 秒數一個數字的話（雖然隨著位數增加，應該會追不上這個時間），1 小時總共有 3,600 秒，1 天有 24 小時，所以 1 天大約有 9 萬秒吧。姑且當作 1 天可以數到 10 萬好了。1 年大概可以數到 3,650 萬⋯⋯所以 3 年可以數到 1 億左右。這樣的話，因為 1 兆是 1 億的 1 萬倍⋯⋯喔！竟然要花上 3 萬年的時間啊！」

我自己一個人驚訝完後，就對長女說：

「就算不吃飯也不睡覺，一整天都在數數字，也要**花上 3 萬年左右的時間**喔。」

結果不出所料，他的反應果然是：

「什麼～～～～～！＼（◎ｏ◎）／！」

這答案讓他嚇了好一大跳，真是個不錯的反應（笑）。

嚇完女兒讓我覺得很滿足，不過 3 萬年確實是很不得了的數字。原來 1 兆是這麼大的數字啊。「兆」這個單位，我只有在國家預算或細胞數量上看過，平常幾乎不會用到這個單位。更何況這輩子大概都不會有機會親眼目睹「○兆個」東西同時存在的畫面吧。所以我們無法實際體會「兆」的規模也是很合理的事。

不過應該也有人會說：「就算給我 3 萬年這個數字，我還是沒有概念。」

這種時候就可以說：「尼安德塔人滅絕的時間，差不多就是距今 3 萬年前喔。」像這樣賦予「3 萬年」一個「意義」，應該就能產生更具體的概念了吧。

無論如何，當遇到龐大的數字時，**只要換算成單位平均量，就能夠凸顯其意義**。

在此先來確認一下吧。在求「單位平均量」時，使用的公式是：

比較的量÷希望設定為單位的量＝單位平均量

例：

距離÷時間＝時速（平均 1 小時前進的距離）

年度支出÷365 天＝平均 1 天的支出

活動總營業額÷來場人數＝平均 1 位來場者的營業額

請想想看如何用簡單易懂的方式表達出「1 兆」的大小。（請使用計算機）

解答例 1

試著把 1 兆公尺除以地球 1 圈的周長。地球 1 圈的周長（赤道）是 **40,077,000** 公尺。

$$1,000,000,000,000 \div 40,077,000 = 24,951.96\ldots$$

也就是說，1 兆公尺**大約是環繞地球 2 萬 5 千圈**。

解答例 2

試著把 1 兆次除以人類一輩子的心跳次數。一般而言，哺乳類一生的心跳次數據說是 20 億次，但在日本這個長壽國家，每個人平均一生的心跳次數據說達到 30 億次的程度。

$$1,000,000,000,000 \div 3,000,000,000 = 333.33\ldots$$

所以**大約是 333 人一輩子的心跳次數**。

解答例 3

試著把 1 兆公尺除以地球到太陽的距離。地球到太陽的距離又稱 1 天文單位（符號為 AU）。1 天文單位為 **149,597,870,700** 公尺。

$$1,000,000,000,000 \div 149,597,870,700 = 6.68\ldots$$

大約是地球到太陽距離的 6.7 倍。由此可知，1 兆確實是個很驚人的數字，而太陽與地球的距離也非常遙遠。

解 說

訣竅就是**選用數值大的量作為單位，也就是用數值大的量去除**的意思。

這一題是自由作答，因此沒有標準答案。

> 表現龐大數字意義的方法
> **試著除以數值大的量。**

比較數字

如果賈伯斯是代表美國的簡報達人，那麼軟銀集團的創始人孫正義（1957～）就是代表日本的簡報達人了吧。

孫正義在數字的使用上也算數一數二的高手。下圖是軟銀在2010 年舉辦的「新三十年願景」發表會上，實際使用過的投影片，主題是「軟銀在未來三十年也希望藉由資訊革命帶給世人幸福」。

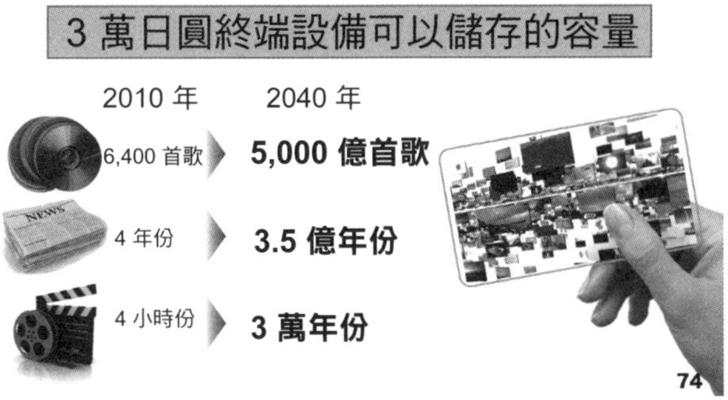

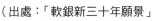

3 萬日圓終端設備可以儲存的容量

2010 年 　　　2040 年

6,400 首歌 ▶ **5,000 億首歌**

4 年份 ▶ **3.5 億年份**

4 小時份 ▶ **3 萬年份**

74

（出處：「軟銀新三十年願景」
http://cdn.softbank.jp/corp/set/data/irinfo/presentations/vod/2010/pdf/press_
20100625_01.pdf）

（圖 35）

在這份簡報當中，孫正義預期「3 萬日圓（約新臺幣 9,000 元）終端設備的記憶體容量將在 2040 年達到 32PB」。但是「PB」這個單位，除非是工程師，否則一般人幾乎沒有概念。

附 註

「P」是國際單位制的詞頭之一，代表 10^{15} 倍（千兆倍）。附帶一提，「M」是 10^{6} 倍，「G」是 10^{9} 倍，「T」是 10^{12} 倍。

因此，孫正義便配合前頁的投影片一起說明這個單位。所謂的 32PB，就等於 5,000 億首歌曲、3.5 億年份的報紙或是 3 萬年份的影片。這個動作就是（如前所述）把龐大的數字（32PB）除以 1 首歌曲、1 份報紙和 1 小時影片的容量，**把大的數值代換成平易近人的單位平均量**。但孫正義的說明可不是只有這樣就結束了。

在前頁的投影片中，不僅列示出 2040 年的 3 萬日圓（約新臺幣 9,000 元）終端設備可儲存容量，同時也列示出 2010 年的（當時最新的）終端設備可儲存容量。

像這樣比較 2010 年與 2040 年的數據，就能實際感受到未來三十年間，終端設備的記憶體容量會呈現多麼爆發性的成長。

在前面的「1 兆秒是 3 萬年」的例子中，把「3 萬年」拿來和尼安德塔人滅絕至今為止的時間互相比較，就能夠更容易理解 1 兆的規模，這同樣也是「比較」的效果。

某個數字擁有絕對意義的情況其實並不多見，或說大部分的**數字都要在與其他數字相對比較的前提下才有意義**也不為過。

舉例而言，假設有一個學生在某次考試得到 60 分，但光靠「60 分」這個數字要來評價這個學生，幾乎是不可能的事。唯有比較全班平均分數，或是該學生過去的成績等等，才能理解 60 分這個數字的意義，並進一步做出評價。

「比較」是一種藉由單位平均量的並列，賦予數字意義的重要手段，各位可以使用看看。

> 數字需經過比較才有意義。

實際感受宇宙的規模
　　若說到難以實際感受大小的東西，名列前茅的應該就屬宇宙的規模了吧。因此我想經由比較，讓各位想像一下太陽系的大小與宇宙中的時間流動。

（出處：NASA　Credit：Lunar and Planetary Institute）
（圖 36）

　　我們每天都看著太陽生活，其他像火星或金星，也都可以用肉眼輕易發現。但是能夠正確想像太陽系大小的人，似乎非常稀少。所以接下來，**我們就來透過數字的比較，想像一下太陽系究竟有多大吧。**
　　想要實際感受行星的大小或公轉軌道的大小（與太陽的距離），日本作家清水義範的《即使有趣還是理科（暫譯）》（講談社文庫）一書中，有一篇非常有趣的文章叫〈如果太陽是東京巨蛋〉。

這本書把太陽（直徑約 140 萬公里）比喻為東京巨蛋（直徑約 200 公尺，位於東京水道橋站），將各行星的大小與公轉軌道換算如下：

地球（直徑約 1 萬 2,700 公里）
→直徑約 183 公分。公轉軌道大約會經過小金井市一帶。

水星（直徑約 5,000 公里）
→直徑約 70 公分。公轉軌道大約會經過高圓寺一帶。

金星（直徑約 1 萬 2,000 公里）
→直徑約 174 公分。公轉軌道大約會經過吉祥寺一帶。

火星（直徑約 6,800 公里）
→直徑約 97 公分。公轉軌道大約會經過立川市西側郊區一帶。

木星（直徑約 14 萬 3,000 公里）
→直徑約 20.5 公尺。公轉軌道大約會經過沼津市一帶。

土星（直徑約 12 萬公里）
→直徑約 17.2 公尺。公轉軌道大約會經過濱松一帶。

天王星（直徑約 5 萬 1,000 公里）
→直徑約 7.3 公尺。公轉軌道大約會經過大阪一帶。

海王星（直徑約 4 萬 9,000 公里）
→直徑約 7.1 公尺。公轉軌道大約會經過接近廣島那一帶。

像這樣把太陽的尺寸縮小為東京巨蛋，並用吉祥寺或濱松等**實際地名加以比較，如此一來就很容易想像太陽系的規模了**（其他行星果然無法與木星和土星相提並論）。

接下來**再透過比較，想像一下宇宙中的時間流動吧。**

宇宙從大爆炸誕生至今，約經過 138 億年的時間。138 億年……雖然知道這代表非常久遠的時間，但還是完全無法想像對吧（笑）。不過只要使用美國天文學家卡爾‧薩根（Carl Sagan）在

1980 年的電視節目《宇宙：個人遊記》上所公布的「宇宙曆」，就能非常直覺式的想像宇宙的時間長度。宇宙曆的概念就是**把宇宙從誕生至今的時間縮短為 1 年**。

如此一來就會得到以下的結果：

> **・宇宙曆**
>
> 1 月 1 日：大爆炸／宇宙誕生（138 億年前）
>
> 4 月 11 日：銀河系誕生（100 億年前）
>
> 9 月 1 日：太陽系誕生（46 億年前）
>
> 9 月 14 日：地球誕生（45 億年前）
>
> 9 月 19 日：原始生命誕生（39 億年前）
>
> 12 月 25 日：恐龍出現（2 億 5 千萬年前）
>
> 12 月 26 日：哺乳類出現（2 億年前）
>
> 12 月 31 日
>
>   21 點 28 分：猿人出現（400 萬年前）
>
>   23 點 52 分：現代人類出現（20 萬年前）
>
>   23 點 59 分 37 秒：農業開始（1 萬年前）
>
>   23 點 59 分 48.5 秒：文字發明（5 千年前）
>
>   23 點 59 分 59.5 秒：近代科學揭幕（200 年前）

換句話說，人類從誕生至今只經過 8 分鐘，近代科學從揭幕至今只經過短短的 0.5 秒而已。附帶一提，太陽的壽命大概會維持到隔年的 5 月為止。

把 138 億年換算為 1 年後，人類誕生至今只經過 8 分鐘的時間。恐怕唯有經過這樣的比較，我們才能意識到「138 億年」究竟是多長的歲月。在宇宙的時間當中，我們的人生或許就如一眨眼，大概連反應都還來不及，只覺得「咦？剛才有發生什麼事嗎？」

（接下來這一段是額外補充的）然而無論時間再短，我們依然

有責任創造下一段「時間」。關於這個部分，當初介紹「宇宙曆」的節目曾用一段充滿啟發性的話作為結語，容我在此引述給各位。

「我們是長達 138 億年的宇宙進化的繼承者。我們有選擇的權力，可以認識這個提高生命層次、創造人類的宇宙；反之，我們也可以經由毫無意義的自我破壞，讓 138 億年的遺產化為烏有。下個宇宙曆的第一秒鐘會發生什麼事，完全取決於我們如何運用自身的智慧與對宇宙的知識，在現在這個當下完成什麼事。」

（卡爾·薩根）

例題7

根據目前估計，2040 年的通訊速度將達到 3Pbps（每秒 3PB）的程度。另一方面，2010 年的通訊速度則是 1Gbps（每秒 1GB），「1GB（1 gigabyte）」大約是報紙 1/4 天份。請根據以上內容，用簡單易懂的方式說明未來三十年間，通訊速度會有多大的進步。

參考：

1PB（petabyte）$= 1 \times 10^{15}$B（byte）

1GB（gigabyte）$= 1 \times 10^{9}$B（byte）

（請使用計算機）

解答

相較於 2010 年時，1 秒可下載的資訊量是報紙的 1/4 天份，到 2040 年則會成長為約 2000 年份。

解說

「1PB$= 1 \times 10^{15}$B」是「1GB $= 1 \times 10^{9}$B」的 10^{6} 倍（100 萬倍），因此從 1Gbps 變成 3Pbps，就是通訊速度成長 3×10^{6} 倍

（300 萬倍）的意思。由此推論，1 秒可下載的資訊量如果用報紙換算的話，同樣也是成長 3×10^6 倍（300 萬倍）。由於 2010 年是 1/4 天份，因此：

$$\frac{1}{4} \text{〔天〕} \times 3 \times 10^6 = 750,000 \text{〔天〕}$$

由此可知，到了 2040 年時，可下載量就會變成 750,000 天（75 萬天）份。只是這樣數字還是太大，不容易理解，所以**再進一步換算為年**。1 年有 365 天，因此：

$$750,000 \div 365 = 2,054.79\ldots \doteqdot 2,000 \text{〔年〕}$$

捨去 10 年以下的部分，大概就是 2000 年份。

事實上，在軟銀的「新三十年願景」發表會上，也有用以下這張投影片介紹上述的內容。

1 秒可從雲端下載的資訊量

2010 年	2040 年
1 首歌 ▶	**300 萬首歌**
1/4 天份 ▶	**2,000 年份**

75

（出處：「軟銀新三十年願景」
http://cdn.softbank.jp/corp/set/data/irinfo/presentations/vod/2010/pdf/press_
20100625_01.pdf）

（圖 37）

練習問題

練習1

下列分類何者屬於 MECE 分類？請選出正確答案。

A 把視力分類為近視、遠視以及散光

B 把葡萄酒分類為法國葡萄酒與義大利葡萄酒

C 把旅行分類為國內旅行、國外旅行以及當天來回的旅行

D 把汽車分類為國產車與進口車

練習2

從 0、1、2、3、4、5 這六個數字當中，挑選三個不同的數字排列成 3 位數整數。請問總共可以排列出幾組偶數？（明治大學）

練習3

請問在下列情況下，分別選用哪一種圖表最清楚易懂？請從底下 A～D 當中選出最合適的答案。

（1）想知道全班同學當中，血型為 A 型、B 型、AB 型及 O 型的人，各占多少比例。

（2）想根據 100 筆隨機街頭問卷調查（可複選），統計大家喜歡的食物。

（3）想了解 2012 年東京與沖繩的氣溫變化。

（4）想知道同業的某項商品市占率在最近十年的變化趨勢。

A 直條圖　B 折線圖　C 圓餅圖　D 百分比堆疊橫條圖

一家標榜使用天然酵母的麵包店，創業剛滿第三年。雖然近來逐漸在地方上打響「內行人才知道」的名號，但還是很煩惱知名度太低的問題。

假設這家麵包店分別處於以下 A～D 的環境，應該採取什麼樣的策略比較好？請使用 SWOT 矩陣加以判斷。

A 在使用天然酵母的名店附近開設新的店面
B 在大型超市附近開設新的店面
C 現在的店面以「講究食材的麵包店」登上當地報紙
D 現在的店面附近開了一家用石窯烘烤的麵包店

練習5

你是一家公司的新進員工，上司交代你說：「你能不能在明天開會以前，盡量 curation 多一點的 evidence，先幫我準備好資料呢？」

請問，對於上司的這番指示，你應該如何應對比較好？

練習6

請使用「平易近人的量」換算以下（1）與（2）的數字，以簡單易懂的方式表達出這些數字的大小。

（1）日本的債務：1,039 兆日圓（2014 年 6 月）（約新臺幣312 兆元）

（2）2013 年日本結婚的新人數量：660,613 對

（練習7）

　　iPhone 在上市短短 90 天內，就在美國的智慧型手機市場達到
19.5%的市占率。附帶一提，當時其他主要競爭企業的市占率分別
為：

　　RIM：39.0%

　　Palm：9.8%

　　摩托羅拉：7.4%

　　諾基亞：3.1%

　　請思考如何運用這些數字凸顯出 iPhone 熱賣的程度。

練習1

解 答

D

解 說

A 正常的視力無法被分類為任何一種，況且有些人可能同時有近視與散光，或同時有散光與遠視，因此這種分類既有遺漏又有重複。

B 雖然沒有重複，但有許多葡萄酒無法被分類為法國葡萄酒或義大利葡萄酒（智利葡萄酒、日本葡萄酒或美國葡萄酒等）。因此，這是屬於有遺漏的分類。

C 雖然沒有遺漏，但當天來回有可能是國內旅行，也有可能是到韓國等鄰近國家的輕旅行，因此這是屬於有重複的分類。

D 這是 MECE 分類。

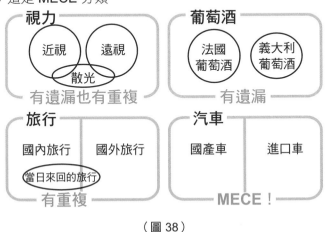

（圖 38）

解答

52 組

解說

使用數字 0～5，能夠構成偶數的只有個位數為 0、2、4 的組合。但在排列三位數的時候，由於 0 不能放在百位，是當中較特別的數字，因此**這邊就用分類討論的方式，把情況分成個位數為 0 與個位數不為 0 兩種**（如此一來，即符合 MECE 分類）。

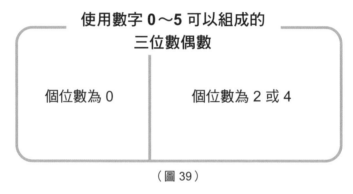

（圖 39）

（1）個位數為 0 時

百位數可以選擇 1～5，總共五組。十位數可以從 1～5 之中，選擇百位數以外的數字，總共四組。個位數為 0，共一組。

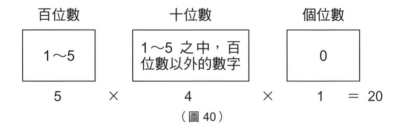

（圖 40）

（2）個位數為 2 或 4 時

百位數可以從 1～5 之中選擇個位數以外的數字，因此共有四組。十位數可以從 0～5 之中選擇百位數與個位數以外的數字，因此總共是四組。個位數不是 2 就是 4，因此共為兩組。綜上所述：

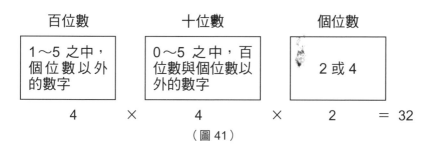

百位數		十位數		個位數	
1～5 之中，個位數以外的數字		0～5 之中，百位數與個位數以外的數字		2 或 4	

$$4 \quad \times \quad 4 \quad \times \quad 2 \quad = 32$$

（圖 41）

由於（1）與（2）不重複，因此所求解就是：

20＋32＝52〔組〕

答案就是 **52 組**。

（練習3）

（解答）

（1）C　（2）A　（3）B　（4）D

（解說）

（1）想知道各種血型在全班同學中所占的**比例**，適合使用**圓餅圖**。

（2）想要統計**數量大小**，適合使用**直條圖**。附帶一提，由於問卷開放複選，因此不適用圓餅圖。

（3）想**知道（比較）**氣溫的**變化**，適合使用**折線圖**。

（4）想**比較比率（市占率）**，適合使用**百分比堆疊橫條圖**。

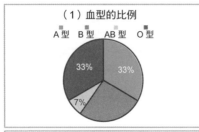

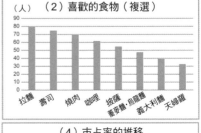

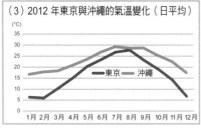

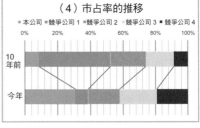

（圖 42）

練習4

解答

A 防禦或撤退

B 克服劣勢

C 採取積極攻勢

D 強化優勢的差異化

這家麵包店的內部環境部分：

　　優勢：使用天然酵母，講究食材的製法

　　劣勢：知名度低

另一方面，在外部環境的部分：

　　機會：消費者的美食或健康取向

　　威脅：其他「講究食材的麵包店」＝有類似的店家

若把上述條件彙總在 SWOT 矩陣裡，就會得到以下結果：

SWOT 矩陣

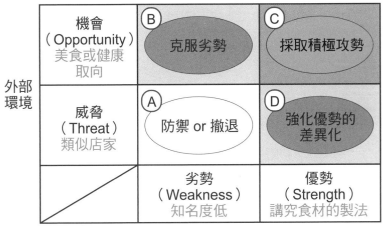

（圖 43）

　　A 的環境是在附近有類似店家（外部環境存在「威脅」）的地方，開設知名度低的新店面（內部環境存在「劣勢」），因此勢必得**採取嚴實的防禦策略，否則就應該撤退**。

B 的環境也是開設知名度低的新店面（內部環境存在「劣勢」），但由於附近只有大型超市，沒有類似的店家，因此可能可以吸收以美食或健康為取向的消費者（外部環境存在「機會」）。若能採取**克服劣勢**的策略，藉由社群網站、網際網路或口耳相傳來解決知名度低的問題，未來的成長應該指日可期。

C 的環境是在已打開知名度的地方，用講究食材的製法製作麵包，有可能獲得更多以美食或健康為取向的消費者，因此如果**採取積極攻勢**，例如提高生產量、舉辦特賣活動或買報紙廣告等，相信應該能夠獲得不錯的成效。

D 的環境雖然是在有知名度的地方新開了一家類似的店，但如果能夠採取**強化優勢的差異化**策略，例如開發獨家的天然酵母麵包等，相信一定還有機會繼續在市場上競爭。

練習5

解 答

‧ 翻字典查詢外來語的意思。
‧ 問清楚所謂的「多一點」，具體來說究竟是多少。
‧ 確認「準備」的意思究竟是把資料做好印出來，還是只要在電腦上完成檔案即可。

解 說

看來這個上司很喜歡外來語呢。首先，第一步就是**查詢** curation 與 evidence 的**中文意思**。

curation：針對特定主題蒐集相關資訊。（參考《大辭泉》）
evidence：證據、證詞。（參考《大辭泉》）

此外，「盡量多一點」也是有點模稜兩可的說法，因此**最好問清楚具體的數字**。

再者，**「準備」這個字有可能是區域性定義**。有些公司的「準備」指的是把資料做好印出來，也有些公司指的是在電腦上完成檔案。如果是後者的話，可能需要花更多時間在資料的推敲而非事務性作業上，因此這個部分也應該事先確認。

練習6

解答範例

（1）平均每一位國民約 818 萬日圓（約新臺幣 245 萬元）。

（2）大約每 48 秒就有一對新人誕生。

解　說

這一題也沒有特定的標準答案。

（1）根據日本財務省在 2014 年 8 月公布的資料顯示，同年 6 月底的國家債務已膨脹到 1,039 兆日圓（約新臺幣 312 兆元）。雖然乍看之下會認為「情況真是太嚴重了！」但這麼龐大的數字似乎沒什麼真實感。此時，即可參考電視新聞常用的方法，也就是把這個數字**換算成平均每一位國民的負債金額**。

　　目前日本的總人口數大約是 1 億 2 千 7 百萬人，因此計算式如下：

$$1,039,000,000,000,000 \div 127,000,000 = 8,181,102.3\ldots$$

　　由此可知，每一位國民的平均負債大約是 818 萬日圓

（約新臺幣 245 萬元）。這個「平均每一位國民」的金額，是連 0 歲的小嬰兒也包含在內，因此不免令人覺得前景堪慮⋯⋯。

（2）根據日本厚生勞動省的統計，在 2013 年結婚的新人總共有 660,613 對。這一題要計算的是**幾秒會誕生一對夫妻**。因為 1 年有 365 天，所以只要換算成秒數再去除以新人數量就可以了。

$$（365×24×60×60）÷660,613＝47.73…$$

由此計算結果可知，2013 年大約每四十八秒就有一對新人誕生。當電視不斷報導「日本人一生未結過婚的比率創歷年新高」等新聞之際，不覺得這個結果好像比印象中多出許多嗎？

練習7

解答範例

除了 RIM 以外，其他 3 家競爭企業的合計市占率，幾乎等於 iPhone 在 90 天內獲得的市占率。

解 說

解答範例是 2008 年 Macworld 發表會上，繼「每天 2 萬支」的說明之後，**賈伯斯實際提出的數字比較**。

在 2008 年當時，RIM 靠著智慧型手機先驅般的「黑莓機」，穩坐市場龍頭寶座，但其他 3 家企業的市占率分別為 Palm：9.8%、摩托羅拉：7.4%，以及諾基亞：3.1%。

如果把這三家全部加起來的話：

$9.8＋7.4＋3.1＝20.3〔％〕$

這個比率與 iPhone 在短短 90 天內達成的市占率 19.5％幾乎相同。賈伯斯在簡報中把這個事實透過以下的圓餅圖呈現出來，讓人對 iPhone 緊追在黑莓機之後的實力印象深刻。

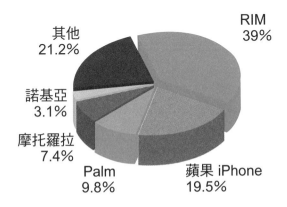

（出處：「There's an "E" in iPhone」
http://www.wirelessweek.com/articles/2008/01/theres-e-iphone）

（圖 44）

第二章
Chapter 2

「用於解決問題」
的數學式邏輯思考

　　A 型的人一絲不苟，B 型的人我行我素，O 型的人不拘小節，AB 型的人態度冷漠……這些是很典型的血型性格分析（？）吧。雖然科學已經證明血型與性格之間不存在因果關係，但此處並不打算深入探究這個部分。

　　我會在這裡提出血型的話題，主要是因為很多人都說：「雖然 A 型當中也有一些比較粗心的人，不過大致上還是描述得蠻準的，所以血型與性格之間應該還是存在著因果關係吧。」

　　這些人恐怕是**誤解了相關關係與因果關係的意思**。

　　舉例而言，「從 1990 年代末期到 2000 年初，自閉症患者的數量與有機食品的消費量皆呈現增加趨勢。因此，有機食品的攝取是造成自閉症的原因。」

　　這種想法就是錯誤的。

　　這只不過是因為人類對自閉症的了解愈來愈深入，以往沒被診斷出來的輕度自閉症患者也陸續被診斷出來；而這個時期剛好與消費者開始關注天然食品的時期，**碰巧重疊在一起而已**。

　　或許有人會認為這很荒謬，但真正理解相關關係與因果關係有何差異的人，其實出乎意料的少。相關關係的部分容後再述（第三章），這一節先來徹底了解一下何謂因果關係吧。

　　關鍵字就是**「函數」**。

四種類型的「原因與結果的關係」

　　一般而言，原因與結果的關係有下圖這四種類型。

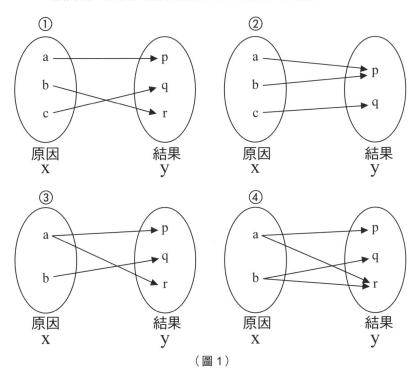

（圖1）

① 每個原因都只會對應到一個特定的結果，而且每個結果也只會對應到一個特定的原因。

② 每個原因都只會對應到一個特定的結果，但不是每個結果都只會對應到一個特定的原因。

③ 不是每個原因都只會對應到一個特定的結果，但每個結果都只會對應到一個特定的原因。

④ 不是每個原因都只會對應到一個特定的結果，而且也不是每個結果都只會對應到一個特定的原因。

在這四種「原因與結果的關係」之中，哪一種關係是對我們有益的呢？以下就來逐一檢視吧。

① 的「原因與結果的關係」，可以從原因對應到特定結果，也可以從結果對應到特定原因。如果這種關係成立的話，不但可以完全預測到未來會發生的結果，也可以從已經發生的結果回溯到特定的原因。換言之，這是一種完美的原因與結果的關係。

舉例而言，假如你的家人或上司，天氣好心情就好，天氣差心情就差（圖2），雖然這種人很令人傷腦筋，但應該沒有人比他「更好懂」了吧。因為只要看天氣就能知道他的心情，所以可以事先準備對策；反過來說，只要看他今天的心情，就能夠判斷外面的天氣，在某些情況下也挺方便的（笑）。

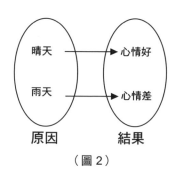

（圖2）

② 的「原因與結果的關係」，可以從原因對應到特定結果。選擇某件事情可能會發生的結果，是完全可以預料到的，只是無法從最後獲得的結果對應到特定原因。

假設有一位客戶，只要招待他去日式料理店或高爾夫球場，生意就一定會談成；但只要招待他去酒吧，生意就一定談不成（圖3）。過去談成生意的原因雖然無法確定是日式料理店或高爾夫球場，但還是可以知道以後要招待這位客戶時，最好選擇日式料理店

或高爾夫球場。

這樣一來，就可以很有自信選擇未來應該採取的行動。就這一點來說，② 的原因與結果的關係也值得慶幸。

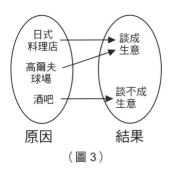

（圖 3）

③ 的「原因與結果的關係」，可以從結果對應到特定原因，可是無法從原因對應到特定的結果。已經發生的結果可以對應到特定的原因，這件事雖然不能說完全無益，但若無法對應到未來可能發生的特定結果，就不曉得接下來應該採取什麼樣的行動，所以其實**有一點不方便**。

假設現在有兩本同一科目的參考書。在統計多名學長姐的參考用書以後，所有成績進步的人，使用的都是 A 參考書，但所有成績退步的人，使用的也都是 A 參考書。另一方面，所有成績不變的人，使用的都是 B 參考書（圖 4）。聽完這些資訊以後，請問你有什麼想法？你應該發現了吧，就是參考書的選擇並不是成績進步的關鍵。換句話說，**這種原因與結果的關係沒什麼用處**。

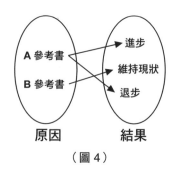

（圖 4）

④ 是混淆不清的「原因與結果的關係」，沒辦法從原因對應到特定結果，也沒辦法從結果對應到特定原因。不過即使是這樣的關係，**相關關係仍然有可能成立**。

打算用多餘的錢做投資的人，一開始可能會猶豫該投資金融資產才好，還是投資不動產才好。當然，有人透過金融資產的操作獲利，也有人因此而虧損，不動產也是（圖 5）。若從這些角度來想就知道，投資時重要的並不在於要選擇金融資產還是不動產。所以就算聽見別人說：「我靠股票買了一台賓士喔。」或「我當初因為投資公寓，現在過著悠閒自在的生活。」也不可輕易受到影響。

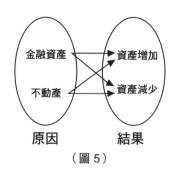

（圖 5）

綜上所述，**對我們有幫助的是 ① 與 ② 的關係**，也就是一個原

因可以對應到一個結果。唯有在這種情況下，原因與結果之間的因果關係才能夠成立。

何謂因果關係
一個原因可以對應到一個結果的關係。

函數入門

在國、高中的數學課上，我們已經學過各式各樣的函數，例如一次函數、二次函數、高次函數、三角函數、指數函數、對數函數……。即使說「函數」是國、高中數學課程中涵蓋範圍最廣的也不為過。不過究竟為什麼函數會這麼受到重視呢？

那是因為**函數本身就是有意義的原因與結果的關係**。

行動電話的費用可以取決於通話時間、到目的地的時間可以用智慧型手機查詢、從自動販賣機可以買到想喝的果汁，這些都得歸功於**因果關係在正確的意義下成立**。

或許不擅長數學的人一聽到「函數」，就會反射性覺得「好像很難！」但函數的基礎其實一點也不難。接下來我會盡可能說明得淺顯易懂，把煩人的部分全部踢開。請給我一點時間，讓我們一起看下去吧。

數學裡的函數定義如下：

函數的定義
當一個 x 值恰好對應到一個 y 值時，即稱「y 是 x 的函數」。

各位知道「函數」的「函」，原本是什麼意思嗎？

「函」就是「信函」的「函」，也可以寫成北海道函館的「函」。「函」代表的就是「盒子」，因此所謂的函數就是「盒子裡的數字」的意思。

只是這裡所說的**「函」**，指的並不是用來收納物品的盒子，而是像下圖一樣，**把某個值輸入以後，會變成另一個值輸出的構造。**

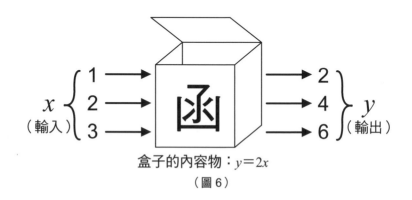

盒子的內容物：$y = 2x$

（圖 6）

接下來的部分很重要，就是**輸出的值（假設是 y）不能是一個隨便的值，這個值必須取決於輸入的值（假設是 x）才行。**換句話說，函數就是把輸入值放進根據特定規則變換的盒子（函）以後所得到的數字。

附　註

上圖的「函」的規則是把輸入值變成兩倍以後輸出。若用數學式表示的話，就是「y = 2x」。

那麼為什麼函數的盒子需要有「一個輸入值決定一個輸出值」的規則呢？那是**因為我們信任這個盒子的緣故。**

試著想像一台自動販賣機吧。自動販賣機的「輸入」就是選擇商品的按鈕,「輸出」就是掉下來的商品。

（圖7）

不用說也知道,如果按了自動販賣機的特定按鈕,結果出來的商品卻總是不一樣,顧客自然無法信任這台自動販賣機。明明按的是同樣的按鈕,有時出來咖啡,有時出來柳橙汁。如果真的有這種自動販賣機的話,應該沒有人會想用這台自動販賣機消費吧(除非是對這種隨機性樂在其中的人)。

同樣的,對我們而言,**足以信任的盒子是一個輸入值(x)對應到一個輸出值(y)的盒子**。所以在數學當中,才會只把這種機制下產生的數字當作函數處理。

接下來,我們把「一個輸入值決定一個輸出值」的「輸入值」代換為「原因」,把「輸出值」代換為「結果」。如此一來,就會變成「一個原因決定一個結果」。沒錯!**「構成函數的條件=因果關係成立的條件」**。

換言之,當結果是原因的函數時,就代表其中的因果關係成立。

> 結果是原因的函數⇒因果關係成立。

發現函數就是發現真理

舉例而言，假設體重的減少率是睡眠時間的函數好了（當然是假的！）。假如無論吃了什麼東西、做了多少運動，體重的減少率與睡眠時間的關係一定如下表所示，代表睡眠時間的長短會決定體重的減少率，因此我們可以說「體重減少率就是睡眠時間的函數」。

（表1）

睡眠時間（小時） （以上）～（未滿）	0～3	3～5	5～6	6～7	7～8	8～9	9～12	12～
體重減少率	0.0%	0.5%	1.0%	1.5%	2.0%	1.0%	0.3%	0.0%

以前面的四種類型來說，這是屬於 ② 的「原因與結果的關係」。如果這是事實的話——再重申一次，這是假的喔——只要能控制睡眠時間，任何人都一定可以瘦下來，應該就不會再有人為了減肥而煩惱了吧。

當然，實際上體重減少率並不是睡眠時間的函數。同樣的睡眠時間，有可能會瘦下來、不會改變，也有可能會變胖。目前並不清楚體重究竟是什麼的函數，所以大家才需要不斷嘗試各種減肥法。

不僅體重減少率如此，世界上很多事情都尚未釐清真正的原因，原因不明的事甚至占了多數。所以世界上的科學家才要針對各種事例，投入心血尋找「因果關係」是否成立，也就是某個事實是否是另一項事實的函數。

所謂的真理就是無論任何時候都不會改變、事物真實的道理；而所謂「無論任何時候都不會改變」的意思，其實也就等同於函數。

我認為要知曉這世界的真理，其實就是找到函數。

找到「函數」，就是找到真理。

磨練對「函數」的感受力

尋找函數就等於尋找真理，因此無論在商場上或在人生中，能否辨認某項事實是另一項事實的函數，是極其重要的能力……如果我這樣寫的話，或許會讓不擅長數學的人感到沮喪吧。不過沒關係，**我們還是可以從現在開始磨練對「函數」的感受力，培養辨認函數的能力！**

為此，我希望讀者在面對周遭事物時，能夠**養成一個習慣，就是隨時思考「○○是由什麼決定的呢？」**例如：

「A店面的營業收入是由什麼決定的呢？」

「活動的到場人數是由什麼決定的呢？」

「自己每天的身體狀況是由什麼決定的呢？」

「會議的時間是由什麼決定的呢？」

如此一來，應該就能慢慢磨練出對「函數」的感受力與辨識能力。

當然，光給出「營業收入」這個項目，一般也很難找到決定性的真正原因吧。即使如此，也不能從一開始就放棄。我認為**想去探索原因、試著做些什麼的心態才是關鍵。**

在誤會因果關係與相關關係的前提下檢視事物，也只會被毫無幫助的原因與結果關係搞得團團轉而已。**不過在分析過程中試圖釐清原因與結果，卻出乎意料的可以看清楚許多事情。**或許這才是數學式思考的精髓。

如果讀者幸運的發現某件事是另一件事的函數的話，那就是這個世界的「真理」，也就會成為讀者與周遭社會無可取代的寶貴資產。

> 試圖探索「函數」的過程，才是數學式思考的精髓。

例題1

你被自己所屬的社團選為這次聚會的主辦人。這是你第二次擔任主辦人。第一次的聚會辦得相當成功，而你當然也希望讓這次聚會成功落幕。經過一番思考後，你認為前一次成功的原因是因為地點選得好，所以你這一次也預約了上次那家 S 店。不過相鄰而坐的 A 同學與 B 同學卻吵了起來，完全破壞第二次聚會的氣氛。附帶一提，A 同學與 B 同學在上次聚會時，座位相隔得很遠。

請根據以上內容，說明「地點的選擇」與「聚會成功與否」之間的因果關係不成立。

解答範例

即使在同一家店聚餐，有成功的例子，也有失敗的例子，地點的選擇與聚會成功與否的關係如次頁圖所示。因此，地點的選擇與聚會成功與否之間的因果關係不成立。

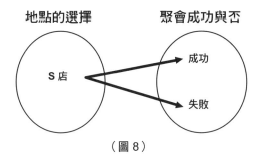

（圖 8）

解　說

　　地點的選擇與聚會成功與否之間成立的「原因與結果的關係」，是**四種類型當中的 ③**。

　　另一方面，若從第一次與第二次的經驗來看，聚會成功的真正關鍵是「座位安排」的可能性比較高。如果後續再多辦幾場聚會，而每次只要 A 同學與 B 同學相隔得遠一點，聚會就一定會成功的話，表示主辦人其實只要注意「座位安排」即可，那麼事情就簡單多了。這樣一來，應該可以說「座位安排」與「聚會的成功」之間，存在有意義的原因與結果關係（因果關係）。

2 為什麼哆啦A夢不能算是生物？ 演繹法與歸納法

在 2013 年的麻布中學入學考試題目（理科）中，出現了以下這樣的問題：

「『哆啦 A 夢』是誕生於 99 年後的機器貓。這個『哆啦 A 夢』雖然是以高端技術製作而成，卻無法被認定為生物，請問這是為什麼呢？請說明理由。」

麻布中學有很多有趣的入學考試題目，每年都會掀起話題，尤其這個「哆啦 A 夢問題」實在太出人意表，在網路上也造成熱烈的討論。

事實上，「哆啦 A 夢問題」的解題關鍵，在於是否具備**「演繹式」**的思考能力。這一節要討論的就是演繹式思考法與概念完全相反的**「歸納式」**思考法（上題的答案將在後文例題 3 的部分進行解說）。

演繹法與歸納法

演繹與歸納都是根據已知的事實，邏輯性的推導出未知事實為真的推論方法。

演繹法指的是**「把全體通用的一般論，套用在個別的具體事例上」**。舉例而言，有些人在下雨天的早上都搭公車上班。他們之所以會認為「下雨天公車會遲到，所以要提早出門」，是因為他們把「下雨天公車會遲到」這樣的一般論，套用在「所以今天公車應該也會遲到」這個個別具體事例上，而上述這樣的思考模式就是屬於演繹式的思考。

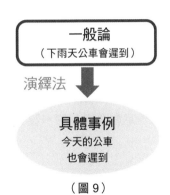

（圖 9）

　　數學中，使用**定理或公式**解題，是將一般性成立的理論，套用在具體的問題上，屬於典型的演繹法。

· **演繹法範例**

－鳥類有翅膀，所以烏鴉也有翅膀。

－四川料理很辣，所以（四川料理的）麻婆豆腐也很辣。

－男人都會外遇，所以我的男朋友一定也會外遇。

－根據圓周角定理，若某弧所對的圓心角為 90°，則同弧所對的圓周角為 45°。

附 註

所謂的「圓周角定理」就是「同弧所對的圓周角大小是圓心角的一半」。

圓周角

圓心角

弧

（圖 10）

另一方面，**歸納法則**是「**由多項個別的具體事例，導出全體通用的一般論**」。比方說，「今年、去年和前年，櫻花都凋謝了，所以櫻花一定會凋謝。」之所以會如此推論，是根據「今年櫻花凋謝了」、「去年櫻花凋謝了」以及「前年櫻花凋謝了」這三項具體事例，推論出「所以櫻花一定會凋謝」的一般論，因此屬於歸納式的思考。

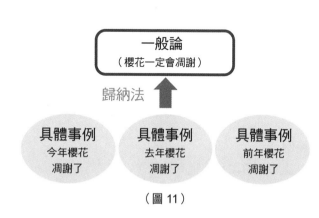

（圖 11）

所謂「**經驗法則**」就是由過去的多次經驗推導出一般性（普遍認為）成立的法則，因此推導經驗法則的過程可以說是一種歸納式的推論。

・歸納法範例

－金魚、鮭魚和鮪魚都是用鰓呼吸，所以魚類一律用鰓呼吸。

－高中入學考試、大學入學考試和求職考試都失敗了，所以我不擅長考試。

－剛剛才洗過車，現在就下雨了。這已經是第幾次了啊？該不會我這個人注定「每次洗完車就一定會下雨」吧？

－寫考古題掌握出題的方向。

演繹法與歸納法

- 演繹法：

  把全體通用的一般論，套用在個別的具體事例上。

- 歸納法：

  由多項個別的具體事例，導出全體通用的一般論。

數學屬於演繹式，理科屬於歸納式

數學與理科都是自然組的重點科目，經常被一概而論。同為學問的一環，這兩個科目探討目標對象的方法卻完全相反。一言以蔽之（希望不要引起誤解），**數學屬於演繹式，理科則屬於歸納式**。

誠如各位所知，數學當中存在著許多定理與公式。舉例而言，求三角形的面積可以用「底×高÷2＝三角形的面積」這個公式。這是對所有三角形都能成立的「一般通則」，因此只要演繹式的把具體數字套入，即可求出世界上無以計數的三角形面積（前提是知道三角形的底與高）。

數學這門學問，就是像這樣演繹式的運用前人所提供的定理或公式，藉以處理更艱深的問題。

一般論（公式）

底×高÷2＝三角形的面積

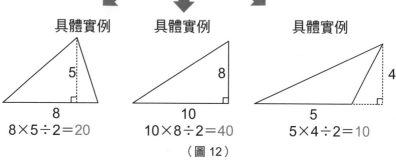

數學為演繹式

具體實例　　　　具體實例　　　　　具體實例

8×5÷2＝20　　　10×8÷2＝40　　　5×4÷2＝10

（圖 12）

那麼理科又是如何呢？

理科這門科目就是去學習圍繞在我們周圍的自然，又稱「自然科學」。學習理科（自然科學）必須從觀察世界開始。

牛頓之所以會看到蘋果從蘋果樹上掉下來的樣子就想到萬有引力（雖然這段軼聞真偽不明……），應該是因為他在那之前（即使是在無意識的情況下）已經目睹過無數次東西掉落地面的畫面了吧。這就是牛頓透過許多具體實例的觀察，歸納式的導出一般論的萬有引力定律。

所謂的理科（自然科學）就是以觀察後歸納出來的一般論為假說，並藉由實驗確認該假說是否正確，建立一套說明該假說的理論系統，以解開世界真理的學問。

附 註

不過在數學領域中發現一套新的定理時，歸納法也常派上用場。

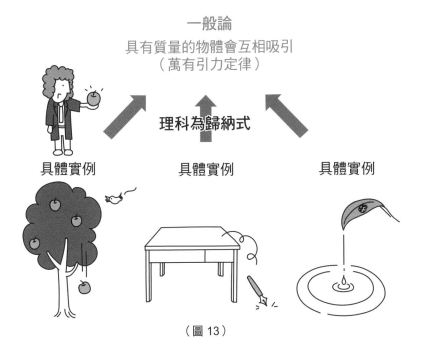

一般論
具有質量的物體會互相吸引
（萬有引力定律）

理科為歸納式

具體實例　　　　具體實例　　　　具體實例

（圖 13）

演繹法與歸納法的優缺點

　　演繹法與歸納法都是非常重要的邏輯推論方法，但無論哪一種思考方式，都同時存在著優點與缺點。若不確實了解其優缺點，不僅無法讓這些強而有力的思考法發揮效用，反而**有可能推導出非邏輯性的結論**。

　　由於演繹法只需要將一般論套用在具體實例上，因此其優點就是**既簡單又迅速**。

　　只是使用演繹法存在風險，就是當具體事例所要套用的**一般論本身錯誤，或者不在該一般論可套用的範圍內**，這是演繹法的缺點。

舉例而言，「社會組的人不擅長數學，所以身為社會組的你，數學應該不好吧。」這就是偏見，是演繹法典型的誤用。社會組當中還是有很多數學很厲害的同學，在這樣的情況下，「社會組不擅長數學」這個一般論就是錯誤的。

另外，「理想體重的標準是『身高（公分）－110』公斤，因此 120 公分的小學生理想體重就是 10 公斤。」這種推論顯然也很奇怪。以「身高－110」公斤為標準的人，只限於身高大約介於 155 公分～180 公分範圍內的對象（當然也會隨脂肪或肌肉量而有所變動），因此把這個套用在 120 公分的小學生身上，顯然是種誤用。

用演繹法把一般論套用在具體事例上雖然很簡單，但反過來說，**這也會剝奪人的思考能力**。所以在使用演繹法思考之際，請別忘記檢討自己所使用的一般論是否為真，或是否能套用在此處。

另一方面，歸納法是從具體事例推導出結論，所以優點就是**很容易建立對結論（一般論）的想像**。

不過歸納所得的結論（一般論）**有可能只是自己的偏見，或者一旦找到反例就會全面被推翻，這種薄弱的特性就是歸納法的缺點**。

事實上，縱觀自然科學的歷史，有好幾項前人歸納出來的（而且很多人深信不疑的）一般論，事後都被證實是錯的。比方說天動說→地動說的變遷就是很有名的例子。

即使在日常生活中，錯誤的歸納式思考也不少見。

例如有個小孩在學倒吊單槓，但怎麼練習都不見成效。這種時候，小孩子如果累積太多「學不會」的經驗，很有可能歸納出「自己不可能倒吊上單槓」的結論（偏見）。但只要當中有任何一次成功的經驗，這個結論就會立刻被瓦解。

歸納式的結論（一般論）往往存在著這樣的脆弱性。

由於從經驗導出歸納式的結論相當簡單易懂，而且具有強烈的說服力，因此人們**很容易盲目的相信那個結論**，認為：「之前有好幾次同樣的經驗，所以這樣想一定沒錯！」。因此在歸納式思考時，最好在下結論前，冷靜的思考：「會不會只是剛好都是比較特殊的經驗？沒有其他可能性了嗎？」

正因如此，以歸納式思考法為基礎的自然科學領域，為了支持由經驗（觀察）歸納出來的假說，必須不厭其煩的反覆實驗，慎重檢討各種現象是否充分具備客觀性或再現性。

（表2）

演繹法與歸納法的優缺點

	演繹法	歸納法
優點	具體套用相當簡單迅速	所得的結論（一般論）簡單易懂
缺點	有可能發生一般論有誤或可套用範圍受限的情形	有可能導出缺乏客觀性的結論；一旦出現反例就會立即被推翻

理解演繹法與歸納法，各有其優點與缺點。

例題2

請問以下（1）～（4）之中，何者屬於歸納法？

（1）「夕陽很美，明天一定會是晴天吧。」

（2）「統計多項商品的調查結果，掌握暢銷商品的特徵。」

（3）「半徑 5 公分的圓，面積是 25π平方公分（π為圓周率）。」

（4）「部長叫我過去，八成又要被說教了吧。」

解 答

（2）

解 說

（1）這是把「如果前一天的夕陽很美，隔天就會是晴天」這種一般性（普遍認為）的法則，套用在「明天的天氣」這個具體事例上，屬於**演繹法**。

（2）「多項商品的調查結果」是具體事例的集合，據此推測「暢銷商品」全面共通的一般法則，屬於**歸納法**。

（3）把「半徑為 r 的圓面積＝r×r×π」的公式（一般法則），套用在半徑為 5 公分的圓這項具體事例上，計算出 5×5×π＝25π〔平方公分〕，屬於**演繹法**。

（4）這個人認為「部長叫我過去的時候，每一次都會被說教」，所以似乎在擔心自己可能又要被說教。換句話說，就是把「部長叫我過去的時候就是要說教」的一般法則，套用在這次被叫過去的具體事例上，屬於**演繹法**。

哆啦 A 夢問題

地球上的生物主要有以下三種共通特徵：

（1）能區別自己與外界的不同。

（2）本身會成長或繁衍後代。

（3）具有儲存與消耗能量的機制。

請根據這些特徵，說明「哆啦 A 夢」雖然是以高端技術製作而成，卻無法被認定為生物的理由。

（2013 年 麻布中學入學考試問題 理科（改））

解答範例

哆啦 A 夢不符合生物三大共通特徵中的（2）「本身會成長或繁衍後代」，因此不能算是生物。

解　說

在麻布中學的入學考試中，「哆啦 A 夢問題」被放在某一系列題目的第七題。該系列題目的問題當中，有提到上述（1）～（3）關於「地球上的生物共通特徵」。

解答的重點在於如果哆啦 A 夢是生物的話，**按照演繹法的邏輯應該可以套用一般法則**，也就是「地球上的生物共通特徵」才對，**但哆啦 A 夢在三項特徵中卻不符合（2）的特徵**，因此不能算是生物。

3 **如何戳破不實廣告的謊言？** 必要條件與充分條件

有一名新進員工正在被上司訓話。

上司：「我不是叫你想一想商品暢銷的條件嗎？」

新人：「是的，所以我想説先決條件，應該是商品包裝要能夠吸引光臨門市的顧客拿起來看吧⋯⋯」

上司：「笨蛋！那只不過是必要條件吧。」

新人：「蛤？」

上司：「我說的是暢銷的充分條件！」

新人：「？？？」

是充分條件啦！

（圖14）

很不幸的，這位新進員工似乎不知道必要條件與充分條件的差別（上司也應該好好指導他才對吧）。所謂的**必要條件**與**充分條件**，應該是平常時不時會聽到的用詞。只是不僅是這位新進員工而已，真正理解這兩個用詞差異的人並不多。

這一節會先帶領各位了解何謂必要條件與充分條件，然後再進一步介紹**準確判斷事物正確性的方式**。

必要條件與充分條件

首先，我們來看一下教科書上的定義。

> **必要條件與充分條件的定義**
>
> 當命題「若 P 則 Q」為真，則 P 為（Q 成立的）充分條件，Q 為（P 成立的）必要條件。

基本上大部分的教科書都是這樣寫的，但我想光從字面上來看，其實很難解讀這個定義當中「充分」與「必要」究竟是什麼意思，因此沒辦法建立具體的概念。此處用具體的實例來思考看看吧。

假設現在這個 P 代表「人類」，Q 代表「哺乳類」好了，套進「若 P 則 Q」裡就會是「如果是人類的話，則屬於哺乳類」，這句話當然為真（正確），因此根據上述定義：

人類：充分條件

哺乳類：必要條件

的確，如果一個生物要是人類的話，**屬於哺乳類是（最基本）必要**的吧。反之，如果一個生物要是哺乳類，只要**屬於人類就夠充分**（到過頭的程度）了吧。

如果從這個角度去思考，那麼把人類定義為充分條件，把哺乳類定義為必要條件，似乎就沒有那麼難以理解了，各位認為呢？

由於人類被包含在哺乳類裡，因此兩者的關係可以用以下的圖來表示。

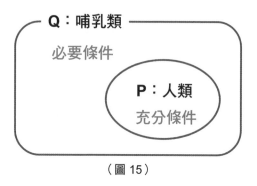

（圖 15）

當一方被完全涵蓋在另一方裡時，領域上「**小的那一方＝人類**」是充分條件，領域上「**大的那一方＝哺乳類**」是必要條件。

此外，領域上較小的一方，代表其中可套用的情況較少，因此**充分條件**也可以說是「**比較嚴格的條件**」。相反的，領域較大的一方因為可套用情況較多，所以**必要條件是「比較寬鬆的條件」**，理解這個觀念也是很重要的。

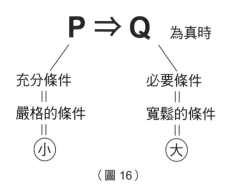

（圖 16）

「⇒」是邏輯符號，讀作「若……則……」。

附帶一提，當：

P⇒Q

Q⇒P

兩者皆正確時，P 是 Q（或 Q 是 P）的「**充要條件**」。
可寫成：

P⇔Q

另外，此時也可稱作 P 與 Q **等價**。
以下是例題。

例題4

請說出在明天的考試中成為全校第一的必要條件與充分條件。

解　答

必要條件：參加考試
充分條件：考滿分

解　說

　　必要條件是至少應該達到的條件，換言之就是**最低限度必須滿足的條件**。所以答案是什麼呢？沒錯，就是「參加考試」。如果其他人都考 0 分的話，就算只考 0 分也可以成為「全校第一」（雖然所有人的名次都相同）。

　　另一方面，**充分條件**又如何呢？所謂的充分條件就是充分到過了頭的條件，換句話說就是**最為嚴格的條件**。所以答案就是「考滿分」吧。不管周圍的人再怎麼優秀，只要考到 100 分（即使有名次相同的人），一定能夠成為「全校第一」。

相差甚遠……（•_•；）

（圖 17）

再來了解一下**領域方面**吧。因為：

　　參加考試＞成為全校第一＞考滿分

所以用圖來表示就會像這樣：

（圖 18）

　　現在依據同樣的原則，重新思考最開始那段上司與新進員工之間的對話吧。畫成圖形就是：

（圖 19）

能夠吸引上門的顧客拿起來看的包裝（雖然還要視商品種類而異），我想應該是商品暢銷的（最低限度）必要條件。但就算包裝能夠吸引顧客，也不代表商品一定會暢銷，因此應該不能算是充分條件。

上司想問的是商品暢銷的充分（到過了頭的）條件。這雖然是個難題，但在現在這個時代，靠社群網站廣為宣傳的商品，大部分都能夠賣出不錯的成績，因此「利用社群網站宣傳」應該可以算是商品暢銷的充分條件。

「小⇒大」必為真（判別命題的真偽）

理解必要條件與充分條件後，就能夠準確判斷事物的「正確性」。

此外，數學上（用邏輯）判斷正確與否的對象，僅限於**能夠客觀判別真偽的事物**。數學上把這樣的事物稱為**「命題」**。

> 命題
> 能夠客觀判別真偽的事物，就稱「命題」。

・命題範例
　－等腰三角形的兩個底角相等（真）
　－海豚是魚類（偽：海豚是哺乳類）

　　另一方面，判斷中摻雜主觀意見或個人情感的，不能算是命題。

・非命題範例
　－他很漂亮
　－冰淇淋很好吃

　　就算他在任何人眼中都是漂亮的，就算很多人都覺得冰淇淋很好吃，但漂亮或美味的判斷來自人的主觀感受，因此這些都不能算是命題。

　　要證明某命題為真命題，通常比證明某命題為偽命題還難。

　　舉例而言，假設現在有個命題是「A高中的學生身高都在 150公分以上」。如果要證明這個命題為偽命題，只要找到任何一個未滿 150 公分的學生就夠了。**只要存在任何一個反例，就能判斷該命題為「偽命題」。**

　　不過假如要證明這個命題為真命題的話，就必須調查 A 高中全校學生的身高才行，這是一項浩大的工程。況且雖然全校學生總有調查完的一天，但當對象數量龐大或根本數也數不清時，要全部調查一遍根本是不可能的事。這種情況下，如果要證明某命題為真命

題的話，需要採取「全部調查」以外的方法才行，一般來說這並不是一件簡單的事。

唯有一種命題可以很簡單的判斷為真，那就是可以使用**「當一方被涵蓋在另一方裡，小⇒大必為真」**的命題。

如前文所述，我們可以說：

充分條件⇒必要條件為真（正確）

此處如果想成：

充分條件＝嚴格的條件＝「小」的條件

必要條件＝寬鬆的條件＝「大」的條件

則某命題當中，**當一方被涵蓋在另一方裡：**

「小」的條件⇒「大」的條件必為真

反之：

「大」的條件⇒「小」的條件必為偽

舉例而言，「凡是哺乳類，都屬於人類」，此命題是「『大』的條件⇒『小』的條件」，也就是「寬鬆的條件⇒嚴格的條件」，因此很明顯存在著狗、貓或猴子等反例。

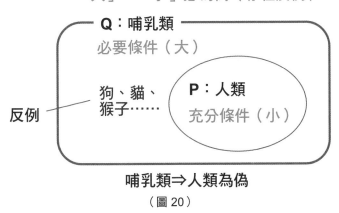

「大」⇒「小」必為偽（存在反例）

Q：哺乳類
必要條件（大）

狗、貓、猴子⋯⋯

P：人類
充分條件（小）

反例

哺乳類⇒人類為偽

（圖20）

重點整理如下：

> **當一方被涵蓋在另一方裡**
> 「小」的條件⇒「大」的條件 必為真命題。
> 「大」的條件⇒「小」的條件 必為偽命題。

我們來試試看以下的例題吧。

例題5

下列命題中，請問何者為真命題？

（1）只要是 6 的倍數，就是 12 的倍數。

（2）只要是 12 的倍數，就是 6 的倍數。

（3）有補習的學生，成績都很好。

（4）成績好的學生都有補習。

解 答

（2）

解 說

（1）（2）

$$6 \text{ 的倍數} = \{ 6,12,18,24,30,36,42,48,54,\ldots\ldots \}$$
$$12 \text{ 的倍數} = \{ 12,24,36,48,\ldots\ldots \}$$

因此，用圖形來表示的話，就如下圖所示。

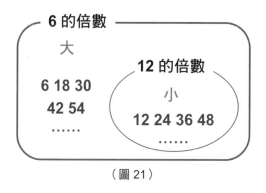

（圖 21）

一方（12 的倍數）被完全涵蓋在另一方（6 的倍數）裡，可見 6 的倍數是「大」，12 的倍數是「小」。因此：

（1）「只要是 6 的倍數，就是 12 的倍數」是：

「大」的條件⇒「小」的條件

所以是偽命題。

（2）「只要是 12 的倍數，就是 6 的倍數」是：

「小」的條件⇒「大」的條件

所以是真命題。

至於（3）和（4），有補習的學生，不見得成績都很好（抱歉……）。另外，有些學生即使沒補習，成績也一樣很好。如果用圖形來表示，就如次頁所示。

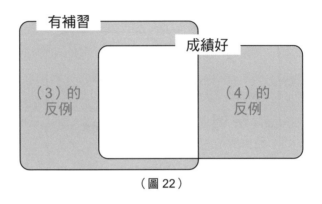

（圖 22）

這裡的關係並不是一方被涵蓋在另一方裡。這就表示（3）的「有補習的學生，成績都很好」與（4）的「成績好的學生都有補習」分別**存在反例**，因此，**兩者皆為偽命題。**

識破可疑之處

這個世界充斥著許多聽起來順耳，實際上卻近乎詐騙的廣告或甜言蜜語。那一套路數大抵都是與「經驗談」包裝在一起。尤其近年來愈來愈盛行的隱性行銷（stealth marketing：不讓消費者注意到宣傳目的的宣傳行為），幾乎都是依循著同一套模式。

例如：

「這陶壺為我帶來幸福。」

「這項情報讓我發大財。」

「這款藥讓我減肥成功。」

諸如此類。

不過就算有人買了一個陶壺以後，真的變得很幸福（雖然這件事情本身就夠詭異的了⋯⋯），但「只要買這個陶壺，就可以獲得幸福」的說法，依然是個明顯的偽命題。

不過「幸福」的定義因人而異，不存在所謂客觀的判斷，因此嚴格來說，這不能算是一道命題。

　　為什麼呢？因為「買了陶壺的人」與「變得幸福的人」，就如例題 5 的（3）和（4）一樣，很明顯是呈現下圖這樣的關係，而非「一方被涵蓋在另一方裡的關係」，所以應該存在著反例才對（雖然買了陶壺，卻沒變幸福的人）。

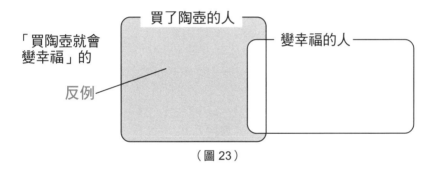

（圖 23）

　　同理，「這項情報讓我發大財」與「這款藥讓我減肥成功」都存在反例，因此都是偽命題。類似這樣的說法，實在不得不說是不實廣告。

（圖 24）

當心充分條件與必要條件的錯置！

如前文所述，當碰到「一方不被涵蓋在另一方裡的關係」時，稍微思考一下就能找出明顯的反例，相對來說比較容易注意到「弔詭」的部分，但如果碰到以下這樣的情況又如何呢？

「你的病只要動手術就會好，所以你必須接受手術治療。」

（圖 25）

聽了以後應該有不少人會覺得，好像應該立刻簽下手術同意書才行吧。但是真的有必要如此心急嗎？

在這種情況下，由於醫生說「接受手術治療⇒病會治好」為真命題（一定會痊癒），因此**「接受手術治療」是充分條件**。

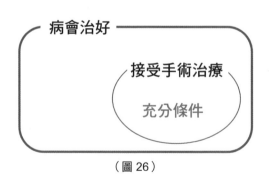

（圖 26）

話雖如此，「必須接受手術治療」這種說法，說得好像**接受手術治療是必要條件一樣，這樣很奇怪**吧。

當然，醫生應該也是認為手術治療效果比較好，所以才會這樣推薦，但身為患者，還是會想要理解那並不是「最基本必要的條件」。如此一來（如果有意願的話），患者也能夠多一種選擇，考慮是否要去別的醫院徵詢第二意見。

把充分條件之一說得宛如必要條件般，這種誘導對方的說法也很常見，因此請多加注意。例如房屋仲介商的推銷話術：

「這間房子能讓您的通勤時間縮短 20 分鐘喔。如果您想得到更多閒暇時間的話，請務必簽下這間房子。」

這也是一種**充分條件與必要條件的錯置**。無論你有多想要得到更多閒暇時間，除了住在那間房子以外，一定還有其他的解決辦法。

這類型的話術一般會呈現這樣的邏輯：

「A⇒B。所以為了 B，你必須做到 A。」

以下這兩種也是依循相同模式的話術：

「A⇒B。所以為了 B，你只能選擇 A。」或「A⇒B。所以為了 B，請務必採取 A。」

下次，如果有人想利用充分條件與必要條件的錯置，來混淆你的視聽，你就說：「不不不，A 雖然是充分條件，但不是必要條件吧？除了 A 以外，應該還有很多可以實現 B 的方法才對。」

現在你知道如何戳破對方的伎倆了吧。（^_-）-☆

如下圖所示，杯子裡裝著半杯水。

（圖 27）

那麼，請問你看了這張圖以後，心裡想的是「還剩半杯水」呢？還是「少了半杯水」呢？

這是一題很簡單的心理測驗，三不五時會出現在媒體或聚會場合上，因為是相當有名的話題，我想應該有很多人已經聽過了。

在心理學上，這兩者分別代表的意義當然是：

認為「還剩半杯水」的人屬於正面思考型。

認為「少了半杯水」的人屬於負面思考型。

不過如果把這題心理測驗視為數學式邏輯思考的題材，那麼**對於「杯子裡裝著半杯水」這項事實，能夠同時從「還剩半杯水」與「少了半杯水」這兩種角度去思考是很重要的。**

因為**自由切換視角，能夠培養出解決問題的彈性思維。**

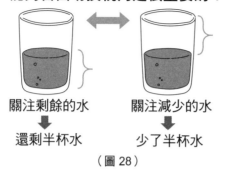

能夠自由切換視角是很重要的！

關注剩餘的水　　關注減少的水

還剩半杯水　　少了半杯水

（圖 28）

　　在這一節當中，為了學會如何自由切換視角，我想介紹其中最基本，也最重要的**「逆向思考的視角」**，而關鍵字就是**餘事件**。

餘事件

　　為了讓各位更容易進入狀況，請容我先介紹幾個數學專有名詞。m（＿＿）m

　　像擲骰子或丟錢幣等可以重複進行的行為，就稱**試驗（trial）**；而某項試驗發生的結果就稱**事件（event）**。

　　舉例而言，在擲骰子這項試驗當中，「骰到 1」、「骰到偶數」或「骰到 3 以上」等，全都屬於這個試驗的事件。

　　而當發生 E 這個事件時，所有「E 以外」的事件就稱**餘事件（complementary event）**。若用前面的例子來說，「骰到 1」的餘事件就是「骰到 2〜6」；「骰到偶數」的餘事件就是「骰到奇數」；「骰到 3 以上」的餘事件就是「骰到 2 以下」。

（圖 29）

事件與餘事件的關係畫成圖形就如下圖所示。

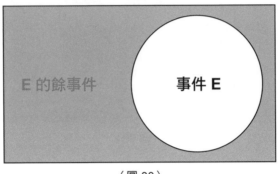

E 的餘事件　　　事件 E

（圖 30）

餘事件的使用方式

思考 E 的餘事件，就是思考 E 的相反之意。而在數學當中，**當直接調查某事件很困難（或很麻煩）的時候，只要思考該事件的餘事件**，很多時候都可以一口氣解決難題。

比如說以下這樣的問題：

例題6

請計算擲骰子 5 次中至少出現 1 次偶數的機率。

解　答

$$\frac{31}{32}$$

擲骰子 5 次中「至少出現 1 次偶數」的意思，就是以下這五種情形之一：

① 出現 1 次偶數

② 出現 2 次偶數

③ 出現 3 次偶數

④ 出現 4 次偶數

⑤ 出現 5 次偶數

但要把 ①～⑤ 全部計算一遍似乎很麻煩。**這種時候，就用餘事件來思考吧。**

各位知道「至少出現 1 次偶數」的餘事件是什麼嗎？是的，沒錯。餘事件就是「出現 0 次偶數」＝「5 次都出現奇數」。

擲骰子 1 次，骰出奇數的機率是「1/2」，因此 5 次都骰到奇數的機率就是：

$$\frac{1}{2} \times \frac{1}{2} \times \frac{1}{2} \times \frac{1}{2} \times \frac{1}{2} = (\frac{1}{2})^5 = \frac{1}{32}$$

所以至少出現 1 次偶數的機率就是：

$$1 - \frac{1}{32} = \frac{31}{32}$$

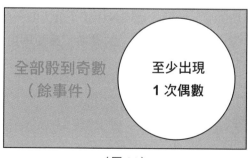

（圖 31）

由於所有情況（全事件）的發生機率加總後等於 1，因此：

所求機率＋餘事件的機率＝1

⇒所求機率＝1－餘事件的機率

> 直接求解很困難（或很麻煩）時，把焦點轉移到餘事件上。

生日的悖論

在此先岔題一下，請問各位知道「生日悖論」嗎？

所謂的悖論就是前提看似正確，推論也相當合理，但結論卻令人難以接受的命題。至於為什麼叫「生日悖論」，是因為在一定人數的團體中，若欲求至少兩人生日相同的機率，會意外的發現，團體人數其實不需要太多，就會出現機率超過 50％的情況。

事實上，在計算這個機率時，餘事件也發揮了相當大的作用。

馬上就來計算看看吧。

假設現在有一個 40 人的團體。如果從正面直接去求至少兩人生日相同的機率，那麼就必須逐一計算有一組人同天生日的情況、有兩組人同天生日的情況、有三組人同天生日的情況……，全部算下來是件很麻煩的事。因此，這裡就**先求「有人同天生日」的餘事件，也就是「沒有人同一天生日」的機率，最後再用「1」減去這個數字**即可。

首先，隨機挑選一個人，這個人的生日可以是任何日期。下一個人（第二人）的生日與第一人不同的機率是「364/365」；再下一個人（第三人）的生日與前面兩人不同的機率是「363/365」；再下一個人（第四人）的生日與前面三人不同的機率是「362/365」。這樣一直想下去，最後一人（第四十人）的生日與前面三十九人不同的機率是「326/365」，因此餘事件的機率（所有人的生日都不相同的機率）就是：

$$1 \times \frac{364}{365} \times \frac{363}{365} \times \frac{362}{365} \times \cdots\cdots \times \frac{326}{365} = 0.1087\ldots$$

　　於是，所求的機率（有人同天生日的機率）就是：

$$1 - 0.1087\ldots = 0.8912\ldots$$

由此可知，機率**大約是 89%**。

「有這麼高嗎？」

　　或許有人會感到驚訝。那麼一個團體究竟要多少人以上，團體中有人同天生日的機率才會超過 50% 呢？事實上，若用上述的方式去計算就會知道，**只要一團體在 23 人以上， 團體中有人同天生日的機率就會超過 50%**。

　　由於 1 年有 365 天，因此可能有很多人會疑惑：難道不是應該要有 183 人以上才對嗎？與這樣的「直覺」相比，「23 人」感覺上好像少了許多，所以這道命題才會是「悖論」啊。(^_-)-☆

　　附帶一提，若把橫軸設定為團體人數，縱軸設定為「有人同天生日的機率」，那麼畫成圖表就會如下所示。

團體人數（人）	5	10	15	20	25	30	35	40	45	50	55	60
有人同天生日的機率（％）	2.71	11.69	25.29	41.14	56.87	70.63	81.44	89.12	94.10	97.04	98.63	99.41

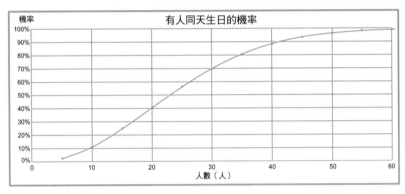

（圖 32）

　　由上圖可知，只要團體人數超過 60 人，團體中有人同天生日的機率就會超過 99％。

逆向思考

　　從餘事件的角度來思考，就是「**逆向思考的視角**」。這種視角在解決問題時，能夠發揮非常大的力量。

　　比方說以下的例題，我們一起來思考看看吧。

例題7

　　假設有兩個杯子，分別可以量出 900 毫升與 400 毫升的水。請思考如何使用這兩個杯子量出 600 毫升的水。

900 毫升　　**400 毫升**

（圖 33）

解答與解說

　　相當棘手的問題對吧。但是只要具備從餘事件思考的「逆向思考的視角」，問題就能迎刃而解了。

　　首先，先來想像一下最後的目標吧。由於 600 毫升的水不可能裝進 400 毫升的杯子裡，因此最後水一定要裝在 900 毫升的杯子裡。換句話說，想像中最後應該是這樣：

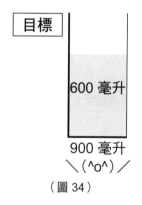

目標

600 毫升

900 毫升
＼（＾o＾）／

（圖 34）

　　不過如果一直想著如何達到「600 毫升」的話，問題就會卡住無法前進，因此，**焦點必須轉移到「600 毫升的相反」**才對。而杯

子的容量是 900 毫升，所以「600 毫升的相反」就是「900－600＝300 毫升」。

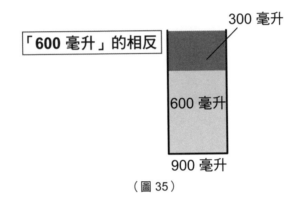

（圖 35）

若從「600 毫升的相反」角度去思考就知道，只要從杯中取出 300 毫升就可以了。話雖如此，要量出 300 毫升也不是那麼簡單呢……。這時，再進一步**去想「300 毫升的相反」**吧。這一回使用的是 400 毫升的杯子。

「300 毫升的相反」就是「400－300＝100 毫升」。

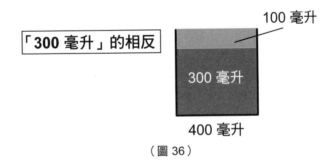

（圖 36）

只要能夠量出 100 毫升的水，就能夠導出正確答案了。具體的流程如下：

思考如何量出 100 毫升的水！

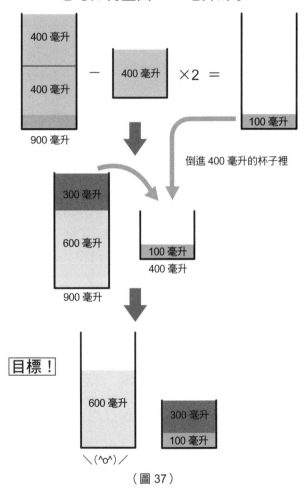

（圖 37）

這樣各位能夠理解逆向思考為什麼可以解決難題了吧。(^_-)-☆

> **無法正面直接解決問題時，換個角度「逆向」思考。**

　　學會從各種角度看事情，是學習數學最主要的目的之一。而這一節學到的「逆向思考的視角」，則是繼從正面看待事情之後，第二個必須具備的視角。**若能擁有「逆向思考的視角」，自然能夠培養出第三視角、第四視角。**

　　如果認為自己實在不擅長用各種角度去看事情，可以從鍛鍊「逆向思考的視角」開始。

第三節介紹的方法是針對可以客觀判斷正確與否的事物（命題），如何活用必要條件與充分條件準確判斷真偽。為了讓各位習慣那種思考方式，前面所舉的都是比較簡單的例子，或許還有人認為其中幾題根本就是理所當然。那麼接下來這道命題又如何呢？

「如果不會被別人嘲笑，代表那不是一個獨特的創意。」

（圖 38）

其實這是比爾蓋茲（1955～）說過的話。這句話講得相當含蓄，而且既然是世界第一大富豪說的，應該有不少人認為是對的吧。但是，盲目追隨權威人士判斷是非黑白，並不能說是合乎邏輯（數學式）的一件事。因此，這邊希望各位能使用**必要條件與充分條件**判斷這句話是否正確，但我想實際試了就會發現，**因為假設與結論都使用「否定」的表現**，所以判斷的過程應該不會太順利。在這種情況下可以善加運用的，就是這一節要談論的**「對偶」**。另外，後半部分也會提及**「反證法」**，兩者的關鍵字都是**「否定的視角」**。

什麼是對偶？

數學中，相對於「P⇒Q」（若 P 則 Q）的命題，名為「**逆命題、否命題、對偶命題**」的定義如下：

· **命題的逆、否、對偶**
  逆命題：「⇒」的前後對調
  否命題：「⇒」的前後不變，但分別改為否定
  對偶命題：「⇒」的前後對調，且分別改為否定

寫來寫去還是一樣難懂對吧……。m（＿＿）m

對偶與「必要條件」或「充分條件」一樣，很多學生都會搞不清楚，所以我們把以上的定義畫成圖形看看吧。圖中的「$\overline{P}$」與「$\overline{Q}$」分別代表「**P 的否定**」與「**Q 的否定**」。

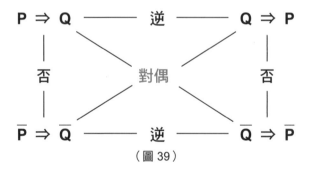

（圖 39）

即使如此還是有點難以理解吧，下面就來舉個例子。

假設原命題是：「n 是 6 的倍數⇒n 是 3 的倍數」。

如此一來，逆命題、否命題以及對偶命題就會是：

  逆：「n 是 3 的倍數⇒n 是 6 的倍數」

  否：「n 不是 6 的倍數⇒n 不是 3 的倍數」

對偶：「n 不是 3 的倍數 ⇒ n 不是 6 的倍數」

這裡先不深入討論「逆」與「否」的部分，因為**這一節的重點在「對偶」**。知道為什麼嗎？因為**對偶命題的真偽與原命題相同！**

「咦？什麼？」

剛才內心浮現這種想法的人，請放心，接下來就為各位詳細說明。

為了理解何謂對偶命題的真偽與原命題相同，這裡會使用到的概念就是：

「小⇒大」＝「充分條件⇒必要條件」為真（詳見 122 頁）。

請容我再次使用方才的例子。

　　3 的倍數＝$\{$ 3, **6**, 9, **12**, 15, **18**, 21, ...$\}$
　　6 的倍數＝$\{$ **6**, **12**, **18**,......$\}$

因此，6 的倍數完全包含在 3 的倍數裡。

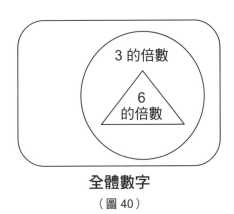

全體數字

（圖 40）

很明顯的，6 的倍數的集合＜3 的倍數的集合。換句話說，**「n 是 6 的倍數」**是**「小」**的條件（充分條件），**「n 是 3 的倍數」**是

「大」的條件（必要條件）。

由於「小⇒大」必為真，因此原命題的「n 是 6 的倍數⇒n 是 3 的倍數」為**真命題**。

那麼再請教各位，3 的倍數以外的數字集合，與 6 的倍數以外的數字集合，哪一邊比較大呢？

（圖 41）

沒錯，這一回是 3 的倍數以外的集合＜6 的倍數以外的集合。

換句話說，**「n 是 3 的倍數以外」是「小」的條件（充分條件），「n 是 6 的倍數以外」是「大」的條件（必要條件）。因此，**原命題的對偶命題「n 不是 3 的倍數⇒n 不是 6 的倍數」亦為**真**。

同理可知，當**原命題為「小⇒大」（真）的時候：**
　　逆命題：「大⇒小」（偽）
　　否命題：「大⇒小」（偽）
　　對偶命題：「小⇒大」（真）

當然，當原命題為「大⇒小」，也就是偽命題時，前述的大小關係全部都會顛倒過來，因此真偽也全部都會相反。

由以上說明可知，**某道命題與該命題的對偶命題必相同。**

對角線上的命題（屬於對偶關係的命題）真偽相同！

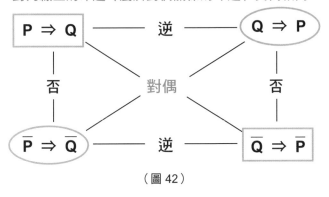

（圖 42）

某道命題與該命題的對偶命題真偽相同。

運用對偶驗證名言

接下來，我們就運用對偶，來驗證最前面那句比爾蓋茲的名言是真是假。他原本說的話是：「如果不會被別人嘲笑，代表那不是一個獨特的創意。」在此先把這句話用「⇒」改寫。

原命題：「不會被別人嘲笑⇒不是獨特的創意」

接下來寫出對偶命題。只要把「⇒」（若……則……）的前後對調，再分別改成否定就可以了。

對偶命題：「獨特的創意⇒會被別人嘲笑」

好像變成一句不值一提的話了，但只要像這樣**改成對偶命題來思考，要判斷真偽就變得很容易。**

只要想想看有哪些事情算是獨特的創意，哪些又是會被別人嘲

笑的事就知道，在會被別人嘲笑的事情當中，不見得全部都是獨特的創意；但如果是一個獨特的創意，好像一定會被別人嘲笑（大驚小怪）。試著把這個例子畫成圖形看看。

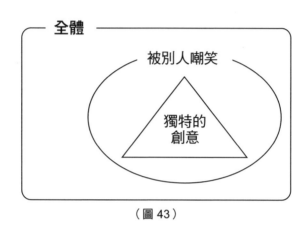

（圖43）

如圖所示，「獨特的創意⇒被別人嘲笑」是「小⇒大」，所以是**真命題。由於對偶命題為真，因此原命題**「不會被別人嘲笑⇒不是獨特的創意。」**亦為真**。

碰到難辨真偽的命題，試著用對偶命題去思考。

「⇒」（若……則……）的注意事項

在此，我想先向各位確認一件很重要的事。

前文一再提及的「⇒」（若……則……），是日常生活中也很常聽見的用法。在中文表達中，當 P 是原因而 Q 是結果的時候，一般會使用「若 P 則 Q」的說法。不過，**即使「若 P 則 Q」為真，**

P 與 Q 之間也不見得存在因果關係。

舉例而言：「若這次的廣告成功，營業額應該會成長吧。」

這是非常自然的表達方式，如果用「⇒」改寫的話，就會變成：

「廣告成功⇒營業額成長」

在這種情況下，當然可以把「廣告成功」視為原因，「營業額成長」視為結果。

接下來改寫成對偶命題吧，如此一來就會變成：

「營業額沒有成長⇒廣告失敗」

不過「營業額沒有成長」純粹只是結果而已，不可能被視為原因，「廣告失敗」也不可能被視為結果。

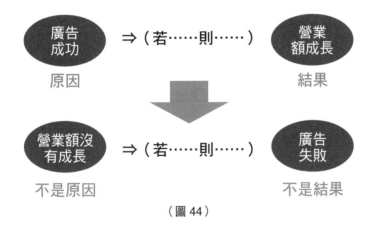

（圖 44）

由此可知，「P⇒Q」（若 P 則 Q）的命題為真，僅表示在 P 與 Q 的大小關係（必要條件與充分條件的關係）中，**P 是「小＝充分條件」，Q 是「大＝必要條件」，「⇒」（若……則……）不一定是表示因果關係的符號（語言）。**

前例當中也是，雖然「n 是 6 的倍數⇒n 是 3 的倍數」的命題為真，但「n 是 6 的倍數」並不是「n 是 3 的倍數」的原因。

如果不徹底理解這一點的話，有可能會陷入「原命題的因果關係明明是正確的，但對偶命題的因果關係卻很奇怪。所以即使原命題正確，還是有可能發生對偶不正確的情況！」這種似是而非的誤解當中，必須格外注意。

> 「⇒」（若……則……）不是表示因果關係的符號（語言）。

接下來進入例題。

例題8

假設某銀行有一道「正確的命題」如下。請根據此命題，從 A～C 中選出能夠判斷其確實為真的命題。

正確的命題：平日下午 6 點以後，轉帳手續費為 108 日圓（約新臺幣 32 元）。

A 轉帳手續費是 108 日圓的話，都是平日下午 6 點以後。

B 若非平日下午 6 點以後，轉帳手續費就不是 108 日圓。

C 轉帳手續費不是 108 日圓的話，就不是平日下午 6 點以後。

解答

C

相對於正確命題「平日下午 6 點以後⇒轉帳手續費為 108 日圓」：

A「轉帳手續費為 108 日圓⇒平日下午 6 點以後」為**逆命題**。

B「非平日下午 6 點以後⇒轉帳手續費不是 108 日圓」為**否命題**。

C「轉帳手續費非 108 日圓⇒非平日下午 6 點以後」為**對偶命題**。

換句話説，根據題目所給的「正確命題」，可以判斷其確實為真的只有 C 的對偶命題而已。

附帶一提，假定這家銀行的轉帳手續費如下表所示，則逆命題（A）與否命題（B）都是偽命題。不過光靠這個題目所給的命題，並不能判斷逆命題（A）或否命題（B）的真偽。

（表 3）

	上午 9 點以前	上午 9 點～下午 6 點	下午 6 點以後
平日	108 日圓	免費	108 日圓
周末假日	全天 108 日圓		

接下來要介紹的是在「否定視角」中，與對偶命題同樣常見的**反證法**。

反證法

所謂的「反證法」，就是先假設想要證明的結論不成立，再推導出矛盾結果的證明方法。流程如下：

> **反證法的流程**
> ① 假設想要證明的結論不成立。
> ② 推導出矛盾的結果。

一聽到「反證法」，或許給人一種很難的印象，但絕對沒有這回事。總而言之，只需記得一句話即可：**「如果假設為○○的話，聽起來很奇怪，所以不是○○。」**

在刑事劇或推理小說中，經常可以看到嫌疑犯因為有不在場證明，所以當下即可判斷無罪的劇情。但究竟為什麼只要不在場證明成立，就能確定此人無罪呢？

最常見的說法就是：「因為有不在場證明就表示案發的時候，他人在別的地方啊，所以當然無罪囉。」

那又為什麼「案發時在別的地方」，可以成為無罪的證明呢？

這道理實在太理所當然，所以大家可能不會特別去意識到這件事，**其實「案發時在別的地方」＝「不在場證明」可以成為無罪證明的邏輯，就是一種反證法。**

我們先來確認一下吧。

一般主張不在場證明的人，若不是嫌疑犯本人就是辯護律師，因此：

想要證明的結論：「嫌疑犯無罪」

好了，現在請想像你是辯護律師。這時，請問你會如何證明這

件事呢？一般而言，在有人證或物證的前提下，要證明一件有做過的事（有罪），相對來說比較簡單，但要證明一件沒做過的事（無罪）卻相當困難。

這時，就要把想證明的結論「嫌疑犯無罪」變成**否定**。亦即：

假設：「嫌疑犯是真凶」 ← ① 假設結論不成立

如此一來，根據不在場證明：

嫌疑犯在案發時，身處別處，因此與假設矛盾 ← ② 推導出矛盾的結果

由此可證，嫌疑犯是無罪的。

有不在場證明與嫌疑犯是真凶相互矛盾。因此無罪！

（圖 45）

以上的邏輯是**先假設結論不成立，再推導出矛盾的結論作為證明依據**，是標準的反證法範例。

反證法的重點在於否定結論。

當你不曉得如何判斷某個結論是否正確時，請試著假設該結論不成立吧。如果推導出來的結果很奇怪（產生矛盾）的話，就表示那個結論是成立的。

否定後會產生矛盾的結論就是正確的。

對偶與反證法

在教學生對偶與反證法時，有不少人會混淆這兩種概念。雖然可以理解混淆的原因，但**這兩者其實是相似但不相同的概念。**

我們可以來思考看看這個命題：**「不是亞洲人就不是日本人」。** 如果把「⇒」帶入這個命題的話，就會變成：

原命題：「不是亞洲人⇒不是日本人」

所以：

假設：「不是亞洲人」

結論：「不是日本人」

上述命題如果用對偶來證明的話，就會是下面這個樣子：

・使用對偶證明

把假設與結論都變成否定，再把「⇒」前後對調，寫成對偶命題。

對偶：是日本人⇒是亞洲人

（圖 46）

這個命題很明顯是「小⇒大」＝「充分條件⇒必要條件」，因此是真命題（參照上圖）。**由於對偶顯然為真，因此原命題「不是亞洲人⇒不是日本人」亦為真。**

接下來，用反證法來證明同一個命題。

· 使用反證法證明

除了原本的假設以外，還要再加上「結論不成立」的假設。

假設某人不是亞洲人，但是是日本人

↓

日本屬於亞洲，這是矛盾命題

↓

因此，不是亞洲人就不是日本人

這樣各位理解對偶與反證法的差異了嗎？

若歸納對偶與反證法的差異，就會得到以下結果：

對偶與反證法的差異

若 P 成立（假設）⇒ 則 Q 成立（結論）
的句法

【使用對偶證明】

「Q 不成立」⇒「P 不成立」

【使用反證法證明】

假設「P 成立」且「Q 不成立」

推導出矛盾結果

（圖 47）

例題9

請分別用（1）與（2）的方法證明以下命題。

「若非等腰三角形，就一定不是正三角形。」

（1）使用對偶證明

（2）使用反證法證明

解答

（1）原命題的對偶命題是「若為正三角形，就一定是等腰三角形。」此命題明顯為真。由於對偶為真，因此原命題亦為真。（證明完畢）

（2）假設某個不是等腰三角形的三角形為正三角形，則正三角形三邊等長的特徵與非等腰三角形的假設相互矛盾。因此「若非等腰三角形，就一定不是正三角形」為真。（證明完畢）

解說

（1）把「⇒」帶入原命題後：

原命題：「非等腰三角形⇒非正三角形」

對偶命題是把「⇒」前後互換後，分別改成否定，因此：

對偶命題：「正三角形⇒等腰三角形」

如下圖所示，此命題是「小⇒大」，因此為真命題。

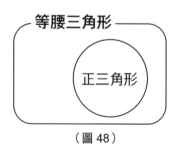

（圖48）

（2）原命題的假設與結論如下：

假設：非等腰三角形

結論：非正三角形

反證法是在原本的假設上，再加上「結論不成立」的假設，因此：

假設：「非等腰三角形的三角形是正三角形」

如此一來，正三角形三邊等長與「非等腰三角形」相互矛盾。因此根據反證法，原命題為真。（證明完畢）

練習1

「雖然 A 型的人幾乎都一絲不苟，但偶爾也會有不拘小節的人；另外，O 型的人雖然幾乎都不拘小節，但也有非常小部分的人是一絲不苟的。」請根據上述事實，説明血型與性格之間的因果關係不成立。

練習2

請問以下（1）～（4）之中，何者屬於演繹法？
（1）「80%的營業額是來自 20%的顧客。」
（2）「出門時先從左腳開始穿鞋，生意就一定談得成。」
（3）「地球、火星和金星都繞著太陽轉，所以行星都繞著恆星轉。」
（4）「個位數為 0 或 5 的整數是 5 的倍數，因此 2015 是 5 的倍數。」

練習3

請從下列（1）～（3）的現象中歸納出一個通則。
（1）用扇子朝著燃燒中的火焰搧風，火就會燒得更旺。
（2）把一根點燃的蠟燭放進瓶子裡，蓋上蓋子以後，蠟燭就會熄滅（如圖 49）。

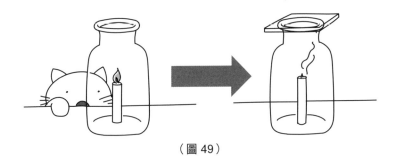

（圖 49）

（3）真空中無法點火燒紙。

練習4

請在下列句子的（　）裡，填入「必要」或「充分」。

（1）四邊形是菱形的（　　）條件

（2）正方形是平行四邊形的（　　）條件

（3）平行四邊形是四邊形的（　　）條件

（4）長方形是正方形的（　　）條件

練習5

請從下列（1）～（4）中選出屬於命題的選項，並請回答該命題的真偽。

（1）0.1 是很小的數字。

（2）有二就有三。

（3）結了婚的日本人，年齡都在 18 歲以上。

（4）持有日本汽車駕照（普通駕照）的人，年齡都在 18 歲以上。

練習6

同時投擲大小兩顆骰子，請求下列情況出現的機率。

（1）骰出不同數字的機率

（2）骰出的數字相乘為偶數的機率

練習7

假設現在有兩個沙漏，分別可以測量出 5 分鐘與 8 分鐘的時間。請想想看如何利用這兩個沙漏測量出 11 分鐘。此處請不必考慮倒置沙漏的作業時間。此外，請假設最初沙漏的沙子已全部掉落在底部。（參考：《嚴選數學謎題（暫譯）》日本牛頓別冊（Newton Press））

練習8

請寫出下面這道命題的逆命題、否命題及對偶命題，並與原命題一起判斷各別的真偽。

原命題：「如果不是 4 的倍數，就不是偶數。」

練習9

「如果不是天才，就不是畢卡索。」請分別用下列兩種方法證明這道命題：

（1）使用對偶證明

（2）使用反證法證明

練習問題的解答與解說

練習1

解答範例

　　血型是 A 型或 O 型與性格一絲不苟或不拘小節的關係如下。由於一個原因對應到一個結果的關係才叫因果關係，因此這兩者之間的關係並不能稱作「因果關係」。

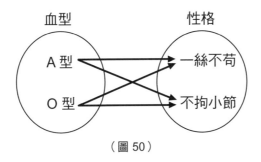

（圖 50）

解　說

　　血型與性格之間成立的「因果關係」是**四種類型**（詳見 93 頁）**當中的** ④。這是一種混淆不清的因果關係，由此可知這兩者之間的關係並不能稱作因果關係。唯**兩者之間有可能成立相關關係**。

（練習2）

（解 答）

（4）

（解 說）

（1）這句話就是所謂的「80／20 法則」。「80／20 法則」是
一種**經驗法則**，意思是「在很多情況下，全體數值的大
部分（80％左右）都是由構成全體的一小部分（20％左
右）要素所創造的。」其他應用範例還包括「80％的故障
原因都來自於 20％的零件」、「80％的工作成果都出自於
20％的工作時間」等，這些都是累積具體事件後所得的
經驗法則，因此屬於**歸納法**。

（2）這應該算是個人的**迷信**吧。因為過去發生好幾次類似的
經驗，所以認為（相信）「只要做○○，事情就會順利」
的通則成立，這種迷信屬於**歸納法**。

（3）這句話是從行星的具體實例（地球、火星和金星），與恆
星的具體實例（太陽），推導出「行星繞著恆星轉」的通
則，因此屬於**歸納法**。

（4）這句話是把「個位數為 0 或 5 的整數是 5 的倍數」這個
通則（定理），套用在「2015」這個具體事例上，因此屬
於**演繹法**。

解　答

燃燒需要空氣

解　說

（1）～（3）分析如下：

（1）搧風幫助空氣流通，可以讓火燒得更旺。

（2）蓋上蓋子以後，瓶子裡的空氣愈來愈少，最後火就會熄滅。

（3）由於真空中沒有空氣，因此無法燃燒物品。

　　綜上所述，從三種具體事例推導出的通論就是「燃燒似乎需要空氣」。另外，物質燃燒需要的其實是空氣中的氧氣，但從（1）～（3）中無法看出這一點。

練習4

解　答

（1）必要

（2）充分

（3）充分

（4）必要

解　說

　　作答時可以配合下圖。

　　每一道題目都是「一方被完全涵蓋在另一方裡的關係」，因此「大」的條件是必要條件，「小」的條件是充分條件。

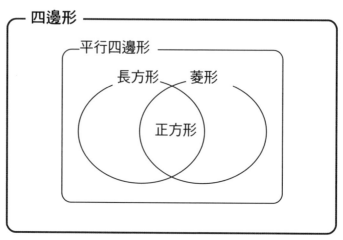

（圖 51）

（1）四邊形的集合比菱形的集合「大」，因此是**必要條件**。

（2）正方形的集合比平行四邊形的集合「小」，因此是**充分條件**。

（3）平行四邊形的集合比四邊形的集合「小」，因此是**充分條件**。

（4）長方形的集合比正方形的集合「大」，因此是**必要條件**。

練習**5**

解 答

（1）非命題。

（2）命題、偽。

（3）命題、偽。

（4）命題、真。

解　說

（1）由於「小」是主觀判斷，因此這句話**無法客觀判斷真偽**，所以這**不是命題**。

（2）這是**命題**。唯「有二⇒有三」是「**『大』的條件⇒『小』的條件**」，因此是偽命題。

（3）這是**命題**。唯日本女性只要 16 歲以上即可結婚（男性為 18 歲以上），因此「結了婚的日本人⇒18 歲以上」是「一方不被涵蓋在另一方裡的關係」，故為**偽命題**（請見下圖）。

（4）這是**命題**。根據日本規定，18 歲以上才有資格應考普通小客車的駕照，因此「持有汽車駕照⇒18 歲以上」是「**『小』的條件⇒『大』的條件**」，故為**真命題**（請見下圖）。

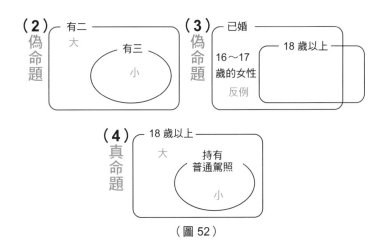

（圖 52）

解 答

（1）$\dfrac{5}{6}$　　（2）$\dfrac{3}{4}$

解 說

分別用**餘事件**來求解。

（1）「骰出不同數字」的餘事件是「骰出相同數字」。兩顆骰
子數字相同的情況共有六種：

（1,1）、（2,2）、（3,3）、（4,4）、（5,5）、（6,6）

兩顆骰子可以骰出的組合共有：

　6×6＝36〔種〕

所以餘事件的機率為：

$\dfrac{6}{36}=\dfrac{1}{6}$

因此所求的機率就是：

$1-\dfrac{1}{6}=\dfrac{5}{6}$

（2）骰出的數字相乘為偶數的組合共有三種：

　　①大的為偶數×小的為偶數

　　②大的為偶數×小的為奇數

　　③大的為奇數×小的為偶數

但「骰出的數字相乘為偶數」的餘事件，也就是「骰出的
數字相乘為奇數」的組合只有「大的為奇數×小的為奇
數」而已，因此從這個角度開始思考會比較簡單。

在「大的為奇數×小的為奇數」的組合裡，無論大小都各有 1、3、5 這三種可能，因此全部的組合共有：

$$3 \times 3 = 9 \text{〔種〕}$$

餘事件的機率為：

$$\frac{9}{36} = \frac{1}{4}$$

因此，所求的機率就是：

$$1 - \frac{1}{4} = \frac{3}{4}$$

練習7

解答與解說

在求解這個問題時，顯然也需要**「逆向思考的視角」**。

如果把想要測量的時間「11 分」視為全體的話，那麼 **8 分鐘的「相反」就是 3 分鐘**。

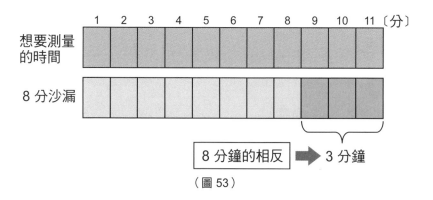

（圖53）

題目中給的沙漏分別是 5 分鐘與 8 分鐘,因此只要把焦點擺在「3 分鐘」上,相信應該不難從「8－5＝3 分鐘」發現,要測量出 11 分鐘只需把 8 分鐘加上「8 分鐘與 5 分鐘之差」即可。

　　具體的流程如下:

❶ 一開始先把兩個沙漏同時倒置;

❷ 在 5 分沙漏結束的瞬間,倒置 5 分沙漏;

❸ 在 8 分沙漏結束的瞬間(步驟 ❷ 完成的 3 分鐘後)再次倒置 5 分沙漏;

❹ 5 分沙漏結束的時候,恰好是 11 分鐘。

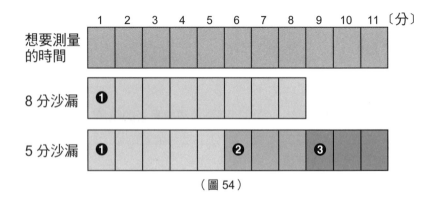

（圖 54）

練習8

解答

原命題——偽命題

逆命題:「如果不是偶數,就不是 4 的倍數。」——真命題

否命題:「如果是 4 的倍數,就是偶數。」——真命題

對偶命題:「如果是偶數,就是 4 的倍數。」——偽命題

先把原命題用「⇒」改寫如下：

原命題：「不是 4 的倍數⇒不是偶數」

再根據這個寫出逆命題、否命題以及對偶命題：

逆命題：「不是偶數⇒不是 4 的倍數」

否命題：「4 的倍數⇒偶數」

對偶命題：「偶數⇒4 的倍數」

其中比較容易判斷真偽的應該是「對偶命題」與「否命題」吧。如下圖所示，相對於題目所給的命題，**對偶命題是「大⇒小」，因此為偽命題；否命題是「小⇒大」，因此為真命題。**

由於「原命題」與「對偶命題」的真偽相同，「逆命題」與「否命題」的真偽相同，因此可知原命題為偽命題，逆命題為真命題。

（圖 55）

練習**9**

解 答

（1）原命題的對偶命題是「如果是畢卡索，就是天才」。這句話明顯為真。由於對偶命題為真，因此原命題亦為真。（證明完畢）

（2）假設一個不是天才的人是畢卡索，但畢卡索卻能夠創作出一幅幅唯有天才才能畫出的作品。由於前後互相矛盾，因此「如果不是天才，就不是畢卡索」為真命題。（證明完畢）

解 說

（1）把原命題用「⇒」改寫如下：

原命題：「不是天才⇒不是畢卡索」

對偶命題是把「⇒」前後對調並分別改為否定：

對偶命題：「畢卡索⇒天才」

故此命題明顯為真。

（2）原命題的假設與結論如下：

假設：不是天才

結論：不是畢卡索

反證法是在原本的假設上，再加上「結論不成立」的假設，因此：

假設：「不是天才的人是畢卡索」

如此一來，就與「畢卡索創作出一幅幅唯有天才才畫得出的作品」相互矛盾，所以根據反證法，原命題為真。（證明完畢）

第三章
Chapter3

「作為工具使用」
的數學式邏輯思考

1 外星人究竟在哪裡？　費米推論法

本書把「數學式邏輯思考」分成三個主題，目前為止已經介紹了有助於溝通（第一章）與有助於解決問題的部分（第二章）。在最後這一章，我想介紹的是有助於邏輯思考的工具。

第一項要介紹的就是**費米推論法**。

所謂的費米推論法，簡單來説就是**推算出「近似值」的方法**。

對於理工相關的人而言，推算「近似值」是一件非常重要的事。舉例而言，如果能事先預測某實驗的結果「大概會得到什麼值」，就能知道那個實驗需要的精確度。此外，如果得到的結果與事先預測的「近似值」明顯有位數上的差異，也可以判斷出「結果不合理＝實驗方法有缺陷」，或是可以發現在假説階段忽略的新事實。因此很明顯的，這是一項幫助很大的工具。

不過至少在 15～20 年前我還是學生的時候，尚未出現「費米推論法」一詞。一般認為「費米推論法」首次出現在 2004 年出版、史蒂芬‧偉伯（Stephen Webb）所寫的《浩瀚宇宙中只找得到地球人的 50 個理由——費米悖論（暫譯）》（*If the universe is teeming with aliens, where is everybody? Fifty solutions to the Fermi paradox and the problem of extraterrestrial life.*）（日本青土社）一書中。

近年來，像 Google、Microsoft 等企業的徵才考試中，也頻繁出現類似**「東京有多少人孔蓋？」**這種預估概數的問題。可見不僅在理工相關的研究室或工廠，費米推論法在商場上也愈來愈受到重視。

何謂費米推論法

費米推論法的名稱是取自著名的「原子能之父」,也就是曾獲諾貝爾獎的美國物理學家費米(Enrico Fermi, 1901~1954)。

無論作為理論物理學家或實驗物理學家,費米都留下了卓越的貢獻。不僅如此,他還是一名預估「近似值」的專家。據說他甚至曾趁炸彈爆炸之際丟下衛生紙,然後根據衛生紙被炸飛的軌道,概算出炸彈當中所使用的火藥量。

費米曾經在芝加哥大學的課堂上,出給學生一道非常有名的題目:

「全芝加哥總共有多少位鋼琴調音師?」

調音師有幾人?

芝加哥

(圖 1)

費米之所以會對物理系的學生出這樣的題目,應該是想藉此告訴學生,要在物理界生存下去,具備這種程度的推算能力是非常重要的吧。

不過此處的**目的並不是計算出正確的值(實際的人數)**。畢竟想正確掌握全芝加哥的鋼琴調音師人數,只要致電向「芝加哥鋼琴調音師協會」(不確定是否真的有這樣的組織⋯⋯)之類的單位確認即可。**重要的是在面對這樣的問題時,能不能夠根據自己手邊現**

有的資料，邏輯性的推理出「近似值」，而非雙手一攤就說：「誰知道那種事。」

那麼，以下就按部就班來推理看看吧。

① 假說

假設「芝加哥的鋼琴調音師供需平衡」，以下將推論「全芝加哥鋼琴調音所需的調音師人數」。

② 拆解問題

求解這道題目所需的資料與估計量如下：

・人口
・家庭平均人口
・擁有鋼琴的家庭比例
・每架鋼琴的平均調音次數（1年）
・每位調音師的平均調音次數（1年）

③ 人口資料

要估計芝加哥的鋼琴調音師有多少人，必須先知道芝加哥的人口資料。**芝加哥的人口大約是 300 萬人**（對我們而言或許不太熟悉，但對住在芝加哥的學生來說，這應該是「常識」吧）。

④ 決定估計量

估計量（1）──家庭平均人口

一個 300 萬人口的城市，究竟會有多少個家庭呢？當然家庭的人口可能是 1 人，可能是 4 人，也有可能是 10 人，但這裡我們假設：平均下來**每個家庭的人數為 3 人**。

估計量（2）──擁有鋼琴的家庭比例

接下來，在這些家庭之中，擁有鋼琴的比例是多少呢？雖然日本與美國的情況可能不同，但我們先來回想一下小學的時候，班上大概有幾個小朋友有學鋼琴呢？如果是男女同校，40 人的班級大概 4～5 人有學鋼琴的情況是最常見的吧（順帶一提，因為我讀的是男校，所以班上有學鋼琴的只有 1～2 人而已）。因此，假設**擁有鋼琴的家庭占所有家庭的 10%**。其中有不少人會在國中升上高中以後放棄鋼琴，而且還要排除那些平常沒有人彈的鋼琴，因此這個比例雖然有點高，但是除了家庭以外，學校、公民會館、表演廳等地方也會放置鋼琴，所以差不多就是這個數字吧。

估計量（3）──每架鋼琴的平均調音次數（1 年）

一般來説，鋼琴 1 年需要調音 1 次。

估計量（4）──每位調音師的平均調音次數（1 年）

先來思考一下 1 位調音師 1 年可以替多少架鋼琴調音。你認為大概是幾架呢？鋼琴調音是一件相當吃重的工作，也非常耗時，所以不管再怎麼努力，**1 天最多就是 3 架**吧。此外，還要假設調音師周休 2 日，因此 1 年的**工作天數是 250 天**。

3〔架／天〕×250〔天〕=750〔架〕

因此，每位調音師 1 年可以調音的鋼琴數約為 750 架。

⑤ **統整**

最後根據以上的數據，估計芝加哥的鋼琴調音師人數。

・家庭數：

300〔萬人〕÷3〔人／戶〕=100〔萬戶〕

・鋼琴數量：

100〔萬戶〕×10%=10〔萬架〕

・需要調音的次數（1 年）：

10〔萬架〕×1〔次／架〕=10〔萬次〕

．需要的調音師人數（1 年）：

10〔萬次〕÷750〔次／人〕＝133.3...人

因此，**全芝加哥的鋼琴調音師人數估計約為 133 人**。

接下來，把費米推論法的流程彙總成一張流程圖吧。

費米推論法的流程

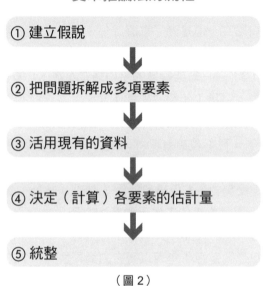

① 建立假說

② 把問題拆解成多項要素

③ 活用現有的資料

④ 決定（計算）各要素的估計量

⑤ 統整

（圖 2）

另外，在做 ④**「決定（計算）各要素的估計量」**的步驟時，第一章提升簡報力的單元（66 頁）介紹過的**「單位平均量」與「比例」**也很重要。

在估計芝加哥的調音師人數時，也有使用到以下這些「單位平均量」或「比例」：

．單位平均量

－家庭平均人口→3 人

－每架鋼琴的平均調音次數（1年）→1次
－每位調音師的平均調音次數（1年）→750次

・比例
　－擁有鋼琴的家庭比例→10％

在徵才考試中被問到費米推論法的問題時，面試官重視的是應徵者**是否能夠依循「建立假說→把問題拆解成多項要素→活用現有的資料→決定（計算）各要素的估計量→統整」這套流程**進行邏輯性思考。

反過來說，就算拆解問題後，當中有任何要素的資料或估計錯誤，導致結果有誤，面試官也不會因此降低對應試者的評價。

附　註

我在這一節示範的費米推論法也只是「解答範例」而已，並非百分之百無誤的「正確答案」。

徵才考試中的費米推論法重點
是否能夠邏輯性的建構「假說→拆解→資料→估計量→統整」的流程（不問結果的準確度）。

費米推論法最後一個必要步驟

在徵才考試等情況下，你可能會以為統整完各要素的估計量，然後給出最終的估計值就結束了，但事實上這還不是最後一步。最後應該還有一個步驟，那就是**驗證「與實際數值相比後結果如何」。**

關於這個部分，費米曾留下一句非常含蓄的話：

「實驗有兩種結果。倘若結果確認假說無誤的話，代表你完成了某項計測；如果結果與假說不符的話，代表你發現了某項事實。」

透過費米推論法所得到的數值，完全是邏輯式的根據假說推導出來的估計值；相對於此，透過科學得到的實驗結果則是「真正的值」。在比較這兩者時，若結果一致，即可確認此假說的正確性；反之，若差異甚鉅的話，代表假說本身很有可能是錯誤的。

若以芝加哥調音師的例子來說，估計值雖然是 133 人，但實際人數如果顯著多於估計值，代表這個市場很有可能供過於求。由此，應該就能更進一步的看見調音師謀生不易的實態，或是透過組織控管整個調音師業界的必要性等等。

估計外星文明的數量（德雷克方程式）

費米曾經從宇宙的年齡（宇宙從開始到現在的時間）、大小、星球數量等估計地球外文明的數量，最後做出外星人存在的結論。而且他認為其中應該有一些外星人已經來過地球了。不過費米對於外星人的存在始終未經過實際確認感到相當意外，時不時會對同事抱怨：**「不知道他們究竟在哪裡？」**

明明外星文明存在的可能性很高，卻完全沒有與那些文明接觸的紀錄，這樣的矛盾就被稱作**「費米悖論」**。

和費米一樣估計過外星文明數量的人，還有美國的天文學家法蘭克・德雷克（Frank Drake），他在 1961 年發表了著名的「**德雷克方程式**」。

究竟在哪裡呢？

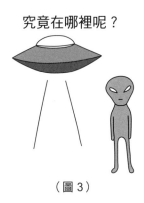

（圖3）

德雷克為了估算出我們的銀河系裡大概分布著多少外星人，建立了以下方程式成立的假說。**N 代表的是銀河系內可能與我們通訊的地外文明數量。**

$$N = R \times f_p \times n_e \times f_l \times f_i \times f_c \times L$$

各項變數的含義如下：

R：每年銀河系中誕生的恆星數量

f_p：恆星擁有行星的比例

n_e：每顆恆星周圍有可能存在生命的行星數量

f_l：在有可能存在生命的行星中，實際有生命誕生的行星比例

f_i：演化出智能生命的比例

f_c：能夠進行星際通訊的智能生命比例

L：一個智能生命的文明擁有星際通訊能力的壽命

德雷克把問題拆解成這七項要素。其中現有的資料只有 R 而

已。其餘六項估計量很明顯使用的是單位平均量或比例。

德雷克從「每年銀河系中誕生的恆星數量」這項資料出發，認定估計所需的要素為 f_p、n_e、f_l、f_i、f_c、L 這六種。

順帶一提，德雷克在 1961 年當時估計的值如下：

R＝10〔個／年〕（每年平均誕生 10 個恆星）

f_p＝0.5（半數的恆星擁有行星）

n_e＝2（恆星擁有的行星中，有可能存在生命的行星數為 2）

f_l＝1（在有可能存在生命的行星上，100%有生命誕生）

f_i＝0.01（在有生命誕生的行星中，1%會誕生智能文明）

f_c＝0.01（在有智能文明的行星中，1%能夠進行星際通訊）

L＝10,000〔年〕（擁有星際通訊能力的文明可以存續 1 萬年）

把這些值代入後，就會得到：

N＝10×0.5×2×1×0.01×0.01×10,000＝10

換句話説，**銀河系裡存在十個擁有星際通訊能力的文明。**

六個估計量也有可能設定為其他值，但德雷克方程式有趣的地方就在於，即使把這些估計值設定為其他數字，在大部分情況下，N 計算出來還是遠大於 1。事實上，這個「德雷克方程式」當年為地球外智能生命探查工作，提供了強烈的動機。

不過經過 50 年的歲月後，我們依然未成功與外星人取得聯繫。若套用費米的說法，這也算是「發現了某項事實」，但究竟發現了什麼事實，目前還沒有結論。究竟是可以靠「德雷克方程式」估計外星文明數量這個假説本身有誤？還是其中哪個估計值有顯著錯誤？亦或是純粹運氣不好呢？若從美國太空總署（NASA）的動向來看，可能會覺得我們現在賭的是最後的可能性（我個人也這麼

認為）；但同時也有人認為「在有可能存在生命的行星中，實際有生命誕生的行星比例（$f_l=1$）」與「演化出智能生命的比例（$f_i=0.01$）」，這兩項數值應該更低。

費米推論法的練習

想要熟習費米推論法，最好的方法還是實際演練一遍，因此以下就來練習幾道例題吧。

例題1

請概算出全東京人孔蓋的數量。

解答範例

65 萬個

解 說

① **假設**

人孔蓋的數量與自來水和汙水下水道普及的家庭數呈正相關。

② **拆解問題**

概算所需的資料與估計量如下：

・東京的人口（資料）

・每戶家庭的平均人數（估計量）

・自來水和汙水下水道的普及率（估計量）

・每個人孔蓋附近的平均家庭數（估計量）

③ **資料**

・東京的人口**約 1,300 萬人**

④ **決定估計量**
- ·每戶家庭的平均人數
  → 由於都會區也有很多獨居的人，因此每戶家庭的平均人數設定為 2 人。
- ·自來水與下水道的普及率
  →100%。
- ·每個人孔蓋附近的平均家庭數
  → 這是最難的地方。如果是在住宅區等地，大約每十戶的獨棟住宅會對應到門前街道上的一個人孔蓋，因此設定為 10 戶。

⑤ **統整**
根據以上的資料，估算全東京的人孔蓋數量。
- ·東京的家庭數：
  $$1,300〔萬人〕÷2〔人／戶〕＝650〔萬戶〕$$
- ·自來水與下水道普及的家庭數：
  $$650〔萬戶〕×100%＝650〔萬戶〕$$
- ·人孔蓋數量：
  $$650〔萬戶〕÷10〔戶／個〕＝65 萬個$$

因此，估算為 65 萬個。

附帶一提，根據日本東京都下水道局所發行的《東京都的下水道 2014》，截至 2013 年為止，東京都內的人孔蓋總數是 **484,078 個，大約是 50 萬個**，所以上面的估算結果還不算太失敗。

費米推論法當中的各項估計量當然也會有誤差，但是**有些數值會高估，有些數值會低估。當多項估計量相乘或相除之後，彼此的誤差就相抵掉了，所以最後的估計結果與真正的值相去不遠**的情況也時常發生（ ^_- ）-☆

再來練習另一道例題吧。

請概算出日本人 1 年的葡萄酒消費量（公秉）。

解答範例

270,000 公秉

解 說

① **假設**

葡萄酒的消費量與有飲酒習慣者的全年平均葡萄酒消費量呈正相關。

② **拆解問題**

概算所需的資料與估計量如下：

- 日本的人口（資料）
- 20 歲以上的比例（估計量）
- 有飲酒習慣者的比例（估計量）
- 有飲酒習慣者的全年平均葡萄酒消費量（估計量）
- 1 瓶葡萄酒的容量（資料）

③ **資料**

- 日本的人口**約 1 億 2 千萬人**
- 每瓶葡萄酒的容量為 750 **毫升**

④ **決定估計量**

- 20 歲以上的比例
  →（非常隨意的估算）50%。
- 有飲酒習慣者的比例
  →在聚會等場合上完全不喝酒的人，通常占一～兩成左右吧。不過會喝酒的人也不見得平常就有喝酒的習慣，不喝酒的人也有可能根本不參加聚會，因此假設是 50%。

・有飲酒習慣者的全年平均葡萄酒消費量

→ 和歐美人比起來，日本人似乎比較少會把葡萄酒當成日常的飲料。即使是有飲酒習慣的人，平均一個月差不多消費 1 瓶吧。因此，假設**有飲酒習慣者的全年平均葡萄酒消費量為 12 瓶**。

⑤ **統整**

根據以上資料，估算日本人 1 年的葡萄酒消費量。

・20 歲以上的人口：

12,000〔萬人〕×50％＝6,000〔萬人〕

・有飲酒習慣的人口數：

6,000〔萬人〕×50％＝3,000〔萬人〕

・1 年消費的葡萄酒瓶數：

3,000〔萬人〕×12〔瓶／人〕＝36,000〔萬瓶〕

・1 年消費的葡萄酒容量：

36,000〔萬瓶〕×750〔毫升／瓶〕＝270,000〔公秉〕

因此，估計值為 270,000 公秉（**27 萬公秉**）。

附帶一提，根據日本的國稅廳課稅統計，2012 年全日本的葡萄酒消費量為 **320,785 公秉**。

不好意思，請讓我在此稍微提一下關於情人節的回憶。

我以前讀的是男校，所以就算到了情人節那天，在學校收到巧克力的可能性也是零。儘管如此，說不定到了當天，會有女高中生在上學途中突然叫住我，然後遞上巧克力說：「請收下（//▽//）」我就是這種滿腦子胡思亂想的浮躁高中生。現在回想起來，還真是有夠愚蠢的，但是高中男生就是這副德性啊（笑）。

相反的，在諸位女性讀者當中，相信應該有不少人早已厭倦每到情人節，就得準備「人情巧克力」給自己根本不想給的職場同事之類的人了吧。到底為什麼明明有這麼多女性對此感到厭煩，送人情巧克力的習慣卻還是不會從這個社會上消失呢？從這一節要介紹的**賽局理論**就能了解背後的理由。

準備人情巧克力好麻煩！（＞＿＜）

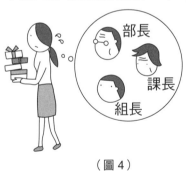

（圖4）

賽局理論可以應用的地方，可不是只有遊戲的「賽局」而已。舉凡人與人之間、企業與企業之間，乃至國與國之間，幾乎所有需

要用到策略的利害關係之間，都能夠應用賽局理論。賽局理論就是如此強而有效的一套理論，因此如今賽局理論已是歐美 MBA 的必修課程，日本也有許多商務人士學習並活用在工作上。

何謂賽局理論

所謂的賽局理論，就是**「分析複數參賽者在選擇不同的策略後，會對當事人或當事人的環境造成何種影響」**。簡單來說，就是當有兩名以上的參賽者處於利害關係時，這套理論可以告訴我們最後會產生什麼樣的結果，又我們應該做出什麼樣的決策。「參賽者」有可能是「國家」，也有可能是企業或組織，或者也有可能是個人。

賽局理論誕生於 1926 年。最初是由約翰・馮・諾伊曼（John von Neumann, 1903～1957）所提倡，他是一位出生於匈牙利的數學家。

馮・諾伊曼是號稱**「20 世紀達文西」**的超級天才，他不僅研究數學，舉凡物理學、計算機科學、經濟學、氣象學、心理學和政治學，他都有所涉獵。有人把現代的電腦稱作「馮・諾伊曼電腦」，就是因為現代電腦的架構最初就是來自他構想的運作原理。

賽局理論在初次發表的許多年後，才在 1944 年經由馮・諾伊曼與經濟學家奧斯卡・摩根斯坦（Oskar Morgenstern, 1902～1977）所著的**《賽局理論與經濟行為（暫譯）》**（*Theory of Games and Economic Behavior*）這部專書建立體系。據説這部作品在當時廣受好評，世人紛紛稱讚其為「20 世紀上半葉最偉大的功績之一」、「繼凱因斯的一般理論以來，最重要的經濟學成果」等等。

之後一直到 1994 年，對初期賽局理論研究有所貢獻的約翰・納許（John Nash, 1928～2015）、萊因哈德・澤爾騰（Reinhard

Selten, 1930〜2016）以及約翰・夏仙義（John Charles Harsanyi, 1920〜2000）3 人獲頒諾貝爾經濟學獎，賽局理論終於確立其地位。

附帶一提，電影《美麗境界》（2001）當中的數學家，就是以約翰・納許為原型。

儘管賽局理論只是一套誕生不到 100 年的理論，發展的歷史尚淺，但今日卻已廣泛運用在**經濟學、管理學、政治學、社會學、資訊科學、生物學、應用數學**等眾多領域當中。

利害關係

事情會如何發展？又該如何做決策？

賽局理論

提供邏輯性的「解答」

（圖 5）

我們可以透過一種叫做**「囚犯困境」**的賽局結構來學習賽局理論的基礎。

囚犯困境

假設某起重大事件的嫌疑犯有兩人，這兩人分別因為其他案件

的小罪被逮補，現在正各自接受調查。這裡姑且稱呼他們為囚犯 A 和囚犯 B 好了。

目前在檢方手上，足以證明 A、B 兩人共謀犯罪的物證並不多，因此檢方無論如何都希望得到他們自首的供詞。不過敵人也是身經百戰的老手，面對口風很緊的兩人，檢方實在急得跳腳，所以在萬不得已的情況下，只好對他們採取以下的「認罪協商（在日本是被禁止的）」。

① 如果對方保持沉默，而你自首的話，你就會被釋放。

② 如果對方自首，而你保持沉默的話，你就要坐牢 10 年。

③ 如果你們兩人都保持沉默的話，兩人都要坐牢 1 年（只有小罪的刑罰）。

④ 如果你們兩人都自首的話，兩人都要坐牢 5 年。

此外，A、B 兩人各自被隔離開來，彼此都無法得知對方在審問過程中的行動。

不同選擇下的刑罰……

囚犯A ╲ 囚犯B	保持沉默		自首	
保持沉默	A：1 年	B：1 年	A：10 年	B：0 年
自首	A：0 年	B：10 年	A：5 年	B：5 年

（圖6）

把認罪協商的內容彙總成表格就會像上圖這樣（這種表格又稱**報酬矩陣「payoff matrix」**）。

先從囚犯 A 的立場來思考看看吧。

若囚犯 B 保持沉默，那麼 A **自首比較有利**（會被釋放）。

若囚犯 B「保持沉默」

囚犯 A

囚犯 B 囚犯 A	保持沉默		自首	
保持沉默	A：1 年	B：1 年	A：10 年	B：0 年
自首	A：0 年	B：10 年	A：5 年	B：5 年

囚犯 A 應該「自首」

（圖 7）

另一方面，若 B 自首的話，則 A **也自首比較有利**（如果不這樣的話，就只有 A 自己要坐牢 10 年）。

若囚犯 B「自首」

囚犯 B

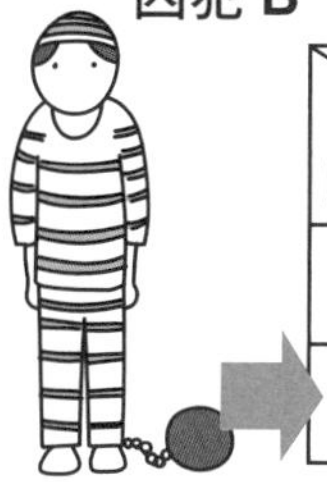

囚犯 B 囚犯 A	保持沉默		自首	
保持沉默	A：1 年	B：1 年	A：10 年	B：0 年
自首	A：0 年	B：10 年	A：5 年	B：5 年

囚犯 A 應該「自首」

（圖 8）

無論在哪一種情況下，自首都對 A 比較有利，因此這裡可以推測，**在合理的判斷下，A 應該選擇自首**；倘若 B 也依據同樣的邏輯進行合理判斷，那麼他應該也會選擇自首，因此**最後兩人都必須坐牢 5 年**（參照次頁圖 9）。

另外，像本例當中的「自首」這種**無論對方策略（選擇）為**

何，結果都對自己有利的策略，就稱**優勢策略**（dominant strategy）。

賽局理論的第一步就是根據報酬矩陣，思考自己的優勢策略是什麼。

> 賽局理論的基礎
> 建立報酬矩陣，思考優勢策略。

附 註

唯獨有些情況因為賽局結構的不同，對自己有利的策略會隨對方的策略而改變，在這種情況下就沒有所謂的「優勢策略」。對於沒有優勢策略的「賽局」攻略有興趣的讀者，請逕行參閱卷末的「參考文獻」。

根據報酬矩陣即可得知，雙方站在各自的立場，怎麼做才是合理的選擇（優勢策略），又分別會得到什麼樣的結果。

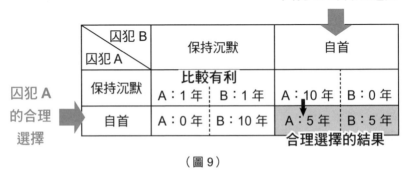

（圖9）

不過囚犯困境之所以說是困境，就是因為雙方不會因此認為這樣就是兩全其美的選擇。請看上表中兩人**都保持沉默**的情況，結果如何呢？兩人**都只要坐牢 1 年**對吧。怎麼會這樣呢？！明明兩人都選擇了「自首」這項「合理的選擇」，怎麼反倒是「保持沉默」這項不合理的選擇，卻會對兩人帶來更好的結果呢？這就是**囚犯困境**。

在此解釋一下「囚犯困境」的概念吧。在什麼情況下會出現囚犯困境呢？那就是**無論對方幫助自己（保持沉默）或背叛自己（自首），背叛對方都是比較有利的選擇（背叛對方是優勢策略）。當存在這種利害關係時，就會出現囚犯困境。**

在這種情況下，若把可能發生的結果組合，按照對自己有利的順序排列並加以評分，就會得到以下的結果：

最佳：對方幫助我，我背叛對方→10 分

稍佳：對方幫助我，我也幫助對方→5 分

稍差：對方背叛我，我也背叛對方→－5 分

最差：對方背叛我，我幫助對方→－10 分

附 註

相信讀者之中一定有些心地善良的人會說：「哎呀，互相幫助才是『最佳』的選擇吧。」但在賽局理論當中，（**或許有點悲哀，**）**參賽者的行為模式是以利己且合乎理性為前提。**

另外，評分方式採用「2 分、1 分、－1 分、－2 分」或「4 分、3分、2 分、1 分」都無所謂。

假設「自己」是 A，「對方」是 B，當 B 幫助 A 的時候，A 選擇背叛 B 比幫助 B 更有利（5 分→10 分）；當 B 背叛 A 的時候也是，A 選擇背叛 B 比幫助 B 更有利（－10 分→－5 分）。

也就是説，**無論在何種情況下，A 的合理選擇都是「背叛」。**當然**對 B 來說，合理的選擇也是「背叛」。**

不過這樣一來，結果就會變成「互相背叛」，也就是對雙方來說都是「稍差」的狀態。雖然雙方都做出了合理的選擇，但最後得到的卻不是「互相幫助」的「稍佳」的結果。舉凡降價策略、秩序問題、環境問題等等，很多例子都可以套用這種「囚犯困境」。

囚犯困境**推翻了「倘若每個人都根據合理判斷採取行動，整個社會就會朝向更好的方向發展」的一般觀念。**這在經濟學、社會學或哲學上，都帶來非常大的影響。

【囚犯困境】

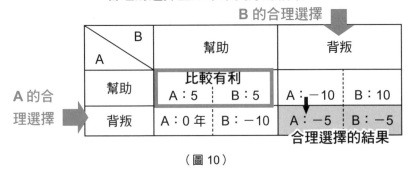

（圖 10）

（例題3）

請用賽局理論說明送人情巧克力的習慣為什麼不會消失。

（解答範例與解說）

假設同一個職場上有 A 子小姐和 B 美小姐。他們對「人情巧克力」的想法分別如下：

附 註

在人情巧克力的例子當中，「送」可以視為「背叛」，「不送」則可視為「幫助」。

「最佳」的情況是「自己送，對方不送」。

因為如此一來，只有自己會被大家視為體貼的人。這種情況是 10 分。

「稍佳」的情況是「自己不送，對方也不送」。

因為如此一來，大家對兩人的評價不會有差別，自己也不必多花一筆錢。這種情況是 5 分。

「稍差」的情況是「自己送，對方也送」。

因為如此一來，大家對兩人的評價明明沒有差別，卻還是要多花一筆錢。這種情況是－5 分。

「最差」的情況是「自己不送，對方送」。

因為如此一來，只有對方會被大家視為體貼的人。這種情況是－10 分。

附 註

這樣一寫，感覺這兩位小姐的個性好像很差，但正如前文所述，賽局理論是以「參賽者都是利己且合乎理性」為前提⋯⋯（•_•；）

上述內容彙總成**報酬矩陣（表格）**後，就會得到下圖 11。這是一種典型的「囚犯困境」，由此可知 A 子與 B 美**若要做出合理的選擇，勢必得選擇「送人情巧克力」才行。**

綜上所述，要消除送人情巧克力的習慣是一件很困難的事。

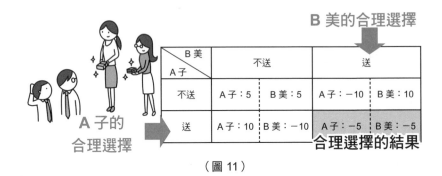

（圖 11）

解決囚犯困境的方法

看到這裡或許有些讀者會想：「我知道什麼叫做囚犯困境了，但到頭來還不是一點辦法也沒有？」甚至覺得自己白白浪費了時間對吧。但是別擔心！賽局理論同樣會告訴我們解決「囚犯困境」的方法。

解決囚犯困境的方法就是「事先締結盟約」。

在前面的囚犯 A 與囚犯 B 的例子中，雙方**如果在被逮捕之前串通好（互相要脅）說：「喂，要是被抓到的話，絕對不可以洩漏出去喔。如果有人背叛對方（自首）的話，事情可就嚴重了。」**那麼兩人自首的可能性就會降低。如此一來，雙方就會選擇「保持沉默」，也就更容易得到對兩人都好的結果。

另外，例題的「人情巧克力問題」也是，只要 A 子和 B 美**事先約定：「如果有人違反約定，送大家人情巧克力的話，那個人就要請另一個人吃一個月的午餐。」**就可以了。如此一來，送人情巧克力的選項不僅要花錢買巧克力，還要再多出一個月的午餐錢。應

該沒有人會為了在職場上獲得「體貼的人」的評價，就願意付出這麼大一筆代價吧。**事前的約定讓「送」人情巧克力這件事變得太不划算，因此 A 子和 B 美應該都會選擇「不送」才對。**最後因為雙方都選擇「不送」，所以兩人都能得到更好的結果。

　　重點在於締結盟約所需承擔的「損失」，必須大過於背叛對方所能得到的「利益」。

　　舉例而言，「如果送人情巧克力的話，就要被彈額頭 1 次喔！」

　　如果這樣約定的話，對方說不定會認為「彈額頭 1 次而已，沒什麼大不了的（^_^;）」。由於「彈額頭 1 次」的「損失」比「（送人情巧克力）在職場上獲得好評」的「利益」小太多了，因此締結盟約便顯得毫無意義。

　　當你在與自己有關的利害關係中發現「囚犯困境」的結構時，可以積極與對方締結「盟約（約定）」。如此一來，無論對於自己或是對方而言，都能大幅提高獲得最好結果的可能性。

　　解決囚犯困境的方法
　　事先締結盟約，讓選擇背叛時將蒙受的「損失」，大過於能夠得到的「利益」。

關於逐步賽局

　　到目前為止所介紹的「囚犯困境」，都是自己和對方同時（在不曉得彼此策略的前提下）選擇策略的「賽局」，這種賽局稱為**「同步賽局（simultaneous game）」**。

　　另一方面，也有一種賽局是像象棋或黑白棋那樣，輪流（在知

道彼此策略的前提下）選擇策略，這種賽局就稱「**逐步賽局（sequential game）**」。

比方説以下的例子，就是典型的逐步賽局：

某個城鎮裡有兩家文具店，分別是 A 店和 B 店。兩家店目前的全年營收分別是 A 店 1,000 萬日圓（約新臺幣 300 萬元），B 店 500 萬日圓（約新臺幣 150 萬元）。

假設 A 店的店長打算重新裝潢店面。然而目前已知，假如只有自己的店重新裝潢，就可以把對方的顧客搶過來，因此營收會超過重新裝潢的費用；但如果雙方都重新裝潢的話，裝潢費用會大於營收，因此兩家店都會面臨營收減少的情況。具體的情況如下表所示：

A 店	B 店	營收		
重新裝潢	重新裝潢	A 店：700 萬日圓	B 店：200 萬日圓	扣除重新裝潢的費用後，兩店的營收都減少
重新裝潢	維持現狀	A 店：1,200 萬日圓	B 店：300 萬日圓	A 店的營收增加（搶走 B 店的顧客）
維持現狀	重新裝潢	A 店：800 萬日圓	B 店：700 萬日圓	B 店的營收增加（搶走 A 店的顧客）
維持現狀	維持現狀	A 店：1,000 萬日圓	B 店：500 萬日圓	維持現狀

（圖 12）

好了，**請問 A 店應該重新裝潢嗎？**其實這個案例如果用同步賽局的表格（報酬矩陣）來思考的話，並無法得到一個雙方都做出合理選擇的特定結果（有餘力的人，請務必親自試做看看）。

此時就應該像下圖這樣，**把所有可以料想得到的情況按照時間序列（發生的順序）寫下來**，然後在最後寫下雙方參賽者的利益。

這就叫做「**賽局樹（game tree）**」。

【賽局樹】

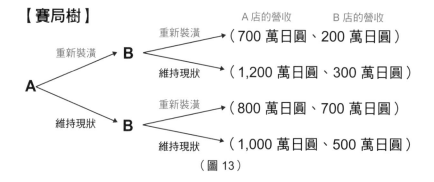

（圖 13）

接下來，**換從後者的立場思考「實際可能發生的結果」**（上例中的後者是 B 店）。當 A 店選擇重新裝潢時，**B 店的合理選擇是維持現狀**（營收從 200 萬日圓→300 萬日圓）；而當 A 店選擇維持現狀時，**B 店應該選擇重新裝潢**（營收從 500 萬日圓→700 萬日圓）。

在賽局理論當中，由於參賽者是站在理性的前提下做決策，因此在所有能設想到的四種情況當中，實際有可能發生的是下列的情況之一。

這個比較有利！

A 店	B 店	營收	
重新裝潢	維持現狀	A 店：1,200 萬日圓	B 店：300 萬日圓
維持現狀	重新裝潢	A 店：800 萬日圓	B 店：700 萬日圓

（圖 14）

從這張表格可知，A 店應該選擇**重新裝潢比較好**（營收從 800 萬日圓→1,200 萬日圓）。

【A店應該重新裝潢】

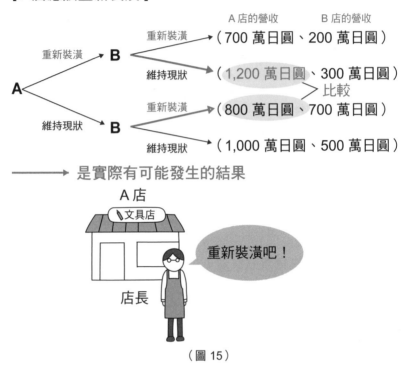

（圖 15）

  前者要攻略逐步賽局的關鍵就是，**先站在後者的立場思考，篩選出有可能會發生的結果，比較這些結果後，再決定前者應該採取的策略**。換句話說就是「預測」，這種思考法在賽局理論當中又稱**逆向歸納法**（backward induction）。

  當發現某個利害關係是逐步賽局時，用逆向歸納法思考策略是最好的辦法。

逐步賽局的攻略法（前者）

① 製作「賽局樹」。

② 從後者的立場篩選出可能發生的結果。

③ 比較 ② 的結果後，選擇前者獲益較多的策略。

例題4

根據以下規則進行「撿石子遊戲」：

· 最初的石子數量總共為 5 顆

· 1 次最多只能撿 3 顆石子

· 拿到最後 1 顆石子的人就輸了

接下來，假設 A 與 B 按照順序進行這場遊戲，請想想看 A 一開始應該撿幾顆石子比較好（必勝法）。

解　答

A 沒有必勝法（無論一開始撿幾顆都會輸）。

解　說

故意出這種題目真是對不起 m（＿＿）m

因為這是一種逐步賽局，所以可以畫「賽局樹」來思考策略。

【A 沒有必勝法】

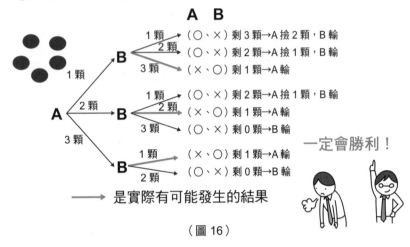

（圖 16）

　　正如前頁的賽局樹所示，無論 A 撿走幾顆石頭，**B 都有一定能夠勝利的策略**。換言之，無論 A 撿走幾顆石頭，實際有可能發生的結果全都是「B 會勝利」，因此 A 沒有必勝法。

　　順帶一提，這個結果也告訴我們，**在最多只能拿 3 顆的「撿石子遊戲」當中，即使增加石子的數量，最後讓石子剩下 5 顆的人一定會輸掉遊戲**。

　　我們再根據這項基礎來想想看，當石子數量多的時候，「撿石子遊戲的必勝法」又是什麼呢？若按照前頁的邏輯，只要留下 9 顆石子給對方，就一定能夠製造出剩下 5 顆石子的狀況。

附　註

剩下 9 顆石子的話……
對方 1 顆→自己 3 顆就會剩 5 顆
對方 2 顆→自己 2 顆就會剩 5 顆
對方 3 顆→自己 1 顆就會剩 5 顆

同樣的，如果留給對方 13 顆石子的話，就能製造出剩下 9 顆石子的狀況。

【若最初的石子數量為 16 顆】

16	15	14	13	12	11	10	9	8	7	6	5	4	3	2	1

【若最初的石子數量為 21 顆】

21	20	19	18	17	16	15	14	13	12	11	10	9	8	7	6	5	4	3	2	1

拿到 ▢ 的石子那一方會輸

（圖 17）

正如上圖所示，若最初的石子數量為 16 顆，則前者必勝；若為 21 顆，則後者必勝。在對方也知道這個必勝法的情況下，憑最初的石子數量就能決定誰是贏家。但若對方不曉得這個必勝法，只要能在遊戲過程中讓石子數量剩下 1、5、9、13、17、21、25、29、33……（←除 4 後餘 1）顆的狀況，就一定能夠獲勝。

有興趣的人，不妨親自試玩看看如何？（^_-)-☆

　　數學家秋山仁老師在其著作**《愛上數學（暫譯）》**（日本 PHP 研究所）當中，提到四種**「進入理科大學就讀的必備能力」**。

（圖 18）

‧進入理科大學就讀的必備能力 by 秋山仁

① 能夠把自己的鞋子併攏放進指定的個人鞋櫃裡

② 能夠翻字典查詢陌生單字的意思

③ 會做咖哩飯（可以看食譜）

④ 能夠畫出從最近車站到自己家的地圖

　　進一步翻譯就是以下的意思：

① 理解一對一的對應概念

　　能夠讓自己的鞋子左右對應，再把鞋子對應到指定的個人鞋櫃裡，這個行為就是理解一對一概念的證據。

② 能夠理解順序關係

　　例如「book」的字首 b 是英文的第二個字母，接下來的 o 位於 n 與 p 之間……像這樣理解 26 個字母的順序關係也是必要的能力。

③ **能夠整理順序並加以實踐、觀察**

　　要完成一道料理，必須先準備好材料，再**按照作業的順序**妥善處理材料，並須具備**觀察過程**的能力。

④ **具備抽象能力**

　　繪製地圖是把三次元空間呈現在二次元平面上的作業。繪製過程中必須刪掉多餘的資訊，還須具備篩選沿途必要資訊並加以呈現的**抽象能力**。

　　秋山老師提出的「進入理科大學就讀的必備能力」，無疑替所有想要學習數學的人打了一劑強心針。他的意思就像在說：**「想就讀理科大學或是想把數學運用在工作上，都不需要任何『特別的才能』喔。」**

　　由於我內心也深有同感，而且這樣的比喻實在太精彩了，因此本人在拙作《天哪！數學原來可以這樣學》當中，也介紹了這四種能力，並且得到許多讀者回饋說：「如果是這樣的話，我應該也做得到！」

　　不過另一方面，多多少少也會聽到這樣的聲音：「①～③ 還不算太難，但 ④ 我可能做不到。」

　　確實，④ 好像比其他三項稍微難了一點，但是**如果想用數學解決現實的問題，就一定要具備這種抽象能力**。抽象能力也可以說成是**「模式化的能力」**。

　　這一節將介紹的就是模式化例子中最精彩的**「圖論」**與其相關應用。

何謂模式化

　　說來說去，模式化究竟是什麼？

所謂的模式化，就是從複雜的現實中擷取本質，並加以單純化的意思。

　　例如音響設備的配線。似乎有很多討厭數學的文科生對這種事情很苦惱，不過這或許是因為各位並未在腦海中將配線模式化的緣故。

（圖 19）

　　請各位想像一下，假設你現在想要把電視、硬碟式錄放影機、擴大機、前置喇叭（左右）以及超低音喇叭全部連接在一起。面對十數條黑色的音響線和電源線交纏在一起，我不是不能體會那種連頭腦都一片混亂的感覺（^_-）-☆

　　但配線最重要的是哪個跟哪個要接在一起，每部機器實際的大小、電線的長度或顏色全都可以視如不見。因此我們可以**刪掉其他要素，只留下「連接」，試著用以下這樣的圖來進行「模式化」**。

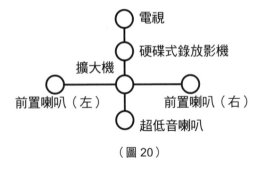

（圖 20）

怎麼樣呢？這樣一畫下來，是不是就能感受到，原來配線其實也沒有這麼複雜嘛。

何謂圖論

一聽到「圖論」，或許有很多人會想，是不是要使用第一章介紹過的長條圖、圓餅圖，或是函數的圖形呢？其實圖論的「圖」指的並不是這些，而是像前頁的圖 20 一樣，**由「點（○）與兩點之間相連的線」所構成的圖**。

例如路線圖就是一種典型的「圖」。

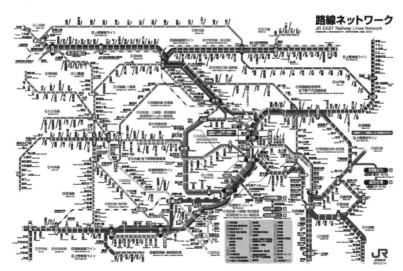

（出處：「東京近郊路線圖（JR 東日本）」）

（圖 21）

路線圖講究的是車站的順序關係與哪些車站可以轉乘的路線資訊，至於站與站之間的距離遠近或車站的規模大小等都不是必需。路線圖之所以要模式化（單純化）成這樣的「圖」，是為了要**刪減掉不必要的資訊，只留下必需的部分**。

　　圖論據說是活躍於 18 世紀、年紀輕輕就享譽天下的天才尤拉（Leonhard Euler, 1707～1783），為了解決**「柯尼斯堡七橋問題」**而設計出的理論。

　　當時普魯士王國的首都柯尼斯堡（今俄羅斯聯邦加里寧格勒），有一條名為普列戈利亞河的大河流經，河上就像下圖一樣總共建造了 7 座橋。

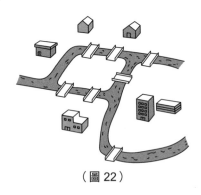

（圖 22）

　　所謂的「柯尼斯堡七橋問題」就是：「假設在普列戈利亞河上的 7 座橋都各走一遍的前提下，有辦法回到原本出發的地點嗎？（可以從任何一點出發）」

　　這個問題似乎在當時引發熱烈的討論，許多人絞盡腦汁卻遲遲無人能解答。就在那樣的情況下，尤拉把被河流隔開的 4 塊土地與橋樑之間的關係，模式化成以下這樣的「圖」。

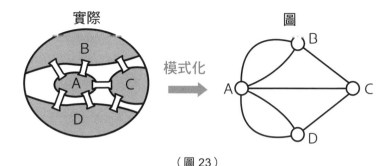

（圖 23）

經過模式化以後，「柯尼斯堡七橋問題」就被簡化成「**請問上面的圖形可以一筆畫完成嗎？**」（在同一條線不重複經過的前提下回到原點。）

接下來尤拉發現，如果要一筆畫完成，那麼每通過一個○或回到同樣的○，出入的線都需要兩條。這就表示**如果要一筆畫完成，圖上每個○連接的線條數都必須是偶數才行**（參閱次頁附註）。

此處假設從○出入的線條數為奇數時，稱該○為**奇點**；從○出入的線條數為偶數時，稱該○為**偶點**，那麼能夠一筆畫完成的圖，**僅限於所有○都是偶點的圖**。

能夠一筆畫完成的條件

所有的○都是偶點。

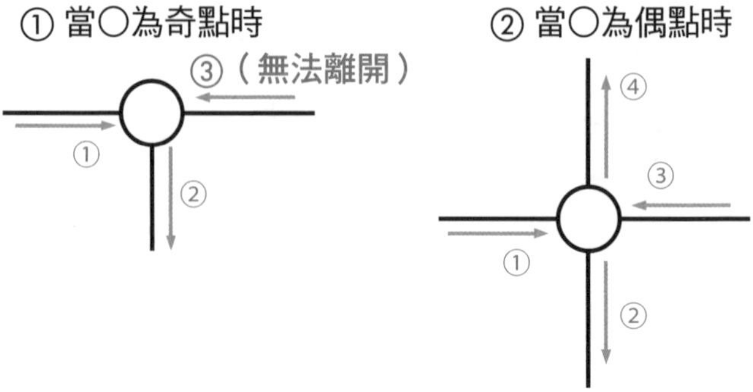

① 當〇為奇點時　　　　　　　② 當〇為偶點時
③（無法離開）

（圖 24）

附　註

① 當〇為奇點時，一入一出就會用掉兩條線，因此下一次再進入
　此〇時，因為沒有剩下任何可以離開的線，就必須停留在原地。
② 當〇為偶點時，由於進去的線和出去的線剛好可以組成一對，
　因此一律可以順利通行。

　　現在再來看一次柯尼斯堡七橋問題的圖吧。圖中所有的〇都是
奇點（〇中的數字代表與該〇相連的線條數）。

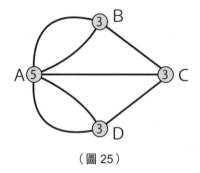

（圖 25）

由此可知，**這張圖無法一筆畫完成**。根據以上所述，尤拉做出了結論：「在柯尼斯堡的 7 座橋都各走一遍的前提下，沒辦法回到出發的地點。」

順帶一提，下圖中左邊所有的〇都是偶點，因此可以一筆畫完成；右邊因為含有奇點，所以無法一筆畫完成。

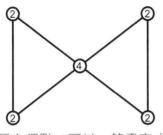 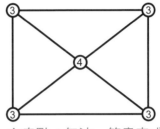

只有偶點⇒可以一筆畫完成　　　　有奇點⇒無法一筆畫完成

（圖 26）

尤拉這種無視圖形大小或線與線的角度，只專注於彼此「關係」的思考法，後來發展成一個新的數學分支，叫做**「拓樸學（topology）」**。拓樸學又稱「柔軟的幾何學」，除了尤拉之外，高斯（Johann Carl Friedrich Gauss, 1777～1855）也是有名的拓樸學始祖之一。

這種圖是一種很出色的模式化工具，不僅可以把複數個體間的「關係」單純化，還可以用來表示電腦的演算法（處理順序）或社會上的人際關係等等。而**圖論就是研究其特性的理論，應用範圍也非常廣泛**。

何謂圖論
把各種「關係」模式化為圖，並研究其特性的學問。

可惜礙於篇幅限制，此處無法著墨太多，以下僅就圖論的應用，介紹兩則實例：**「穩定婚姻問題」**和**「過河問題」**。

圖論的應用實例 ①——穩定婚姻問題

例題5

你正在籌辦一場相親活動，參加活動者有 A、B、C 3 名男性和 a、b、c 3 名女性。在接近活動尾聲時，你請參加者按照喜愛程度分別寫下 3 位異性的順位。根據活動規則，3 名男性會在最後輪流向心儀的對象告白。

假如 6 位參加者的心儀順位如下，請問此時應該如何配對，才能讓所有人都組成「幸福的佳偶」呢？

請注意，此處所謂「幸福的佳偶」指的是對雙方來說，都沒有比目前對象順位更前面，而且兩情相悅的對象。

・A（①c、②b、③a）

・B（①a、②b、③c）

・C（①c、②a、③b）

・a（①A、②C、③B）

・b（①B、②A、③C）

・c（①B、②C、③A）

（圖 27）

（A男和b女）、（B男和a女）、（C男和c女）

下圖以○代表 6 名參加者，線條則代表配對的組合。

首先，我們來看看下面這個情況。在這種情況下，並不是所有人都能夠組成「幸福的佳偶」。

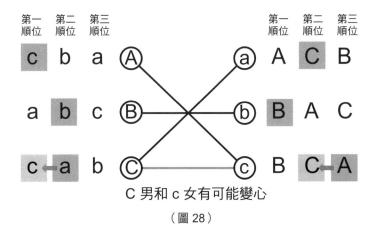

C 男和 c 女有可能變心

（圖28）

如果讓「A男和c女」、「B男和b女」、「C男和a女」這三組配對的話，對 C 男來說，c 女的順位比現在的對象（a 女）更前面；而對 c 女來說，C 男的順位也比現在的對象（A 男）更前面。如此一來，「C 男和 c 女」的組合不僅兩情相悅，順位也比現在的對象更前面，因此雙方都有可能變心，這樣當然不能說所有人都組成「幸福的佳偶」了……（＞_＜）。

為了避免這樣的情況發生，究竟該如何配對比較好呢？

圖論早就準備好答案了。如果想讓所有人都組成「幸福的佳偶」（擁有穩定的婚姻），只要依循**「GS 演算法（Gale-Shapley algorithm）」**的流程配對即可。

【GS 演算法】

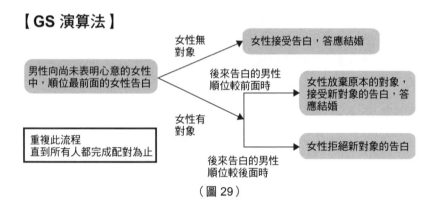

（圖 29）

　　接下來，趕緊套用看看這個方法吧。

　　‧A 男向第一順位的 c 女告白。c 女沒有對象，所以接受告白。

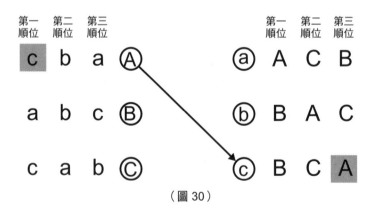

（圖 30）

・B 男向第一順位的 a 女告白。a 女沒有對象，所以接受告白。

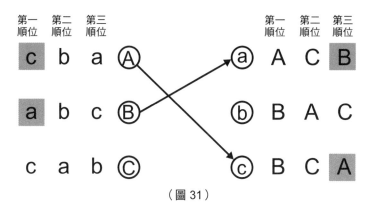

（圖 31）

・C 男向第一順位的 c 女告白。c 女雖然先接受了 A 男的告白，但由於 **C 男的順位較前面**，因此 **c 女毀棄了和 A 男的約定，接受 C 男的告白**。

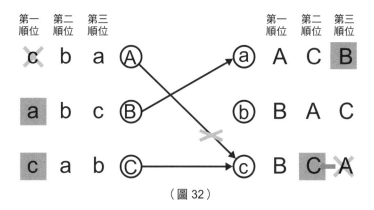

（圖 32）

．A 男被 c 女毀約後（節哀……），轉向第二順位的 b 女告白。b 女沒有對象，所以接受告白。

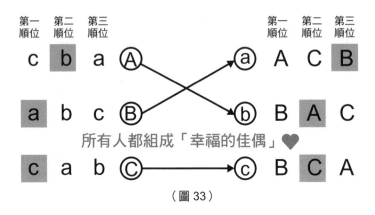

（圖 33）

只要經過上述流程，把參加者配對成「A 男和 b 女」、「B 男和 a 女」、「C 男和 c 女」，即可讓所有人都組成「幸福的佳偶」（雖然 A 男可能會有點不甘心，但此處暫且不考慮他的心情）。

這個問題就稱**「穩定婚姻問題」**，是圖論應用中相當有名的實例。

由於此例題中的人數較少，因此或許有人早已自行摸索出答案，不過**只要懂得運用這套「GS 演算法」，即使參加人數再多、每一個人的順位都不盡相同，也一定能夠讓所有人都組成「幸福的佳偶」。**

另外，「穩定婚姻問題」的解並不是只能用「GS 演算法」得出唯一解，而且情況換由女性告白的話，也有可能得出和由男性告白時不同的答案（參閱 253 頁練習 5）。

附　註

「GS 演算法」是由美國的大衛・蓋爾（David Gale, 1921～2008）和勞埃德・沙普利（Lloyd Shapley, 1923～2016）所提出。這項成果讓沙普利在 2012 年以史上第二高齡的 89 歲獲得諾貝爾經濟學獎。

圖論的應用實例 ②——過河問題（狼、山羊、高麗菜）

　　接下來是第二道圖論的應用實例，我們就來解解看這道有名的謎題吧。這道題目叫做「過河問題」。

例題6

　　有一個農夫手裡拿著一顆高麗菜，帶著狼和山羊站在河的左岸。河上有一艘小船，但農夫一次只能帶一頭動物或是一顆高麗菜上船。另外，如果沒有農夫在場的話，狼會襲擊山羊，山羊會吃掉高麗菜。請問如果想要人、動物和蔬菜都平安無事抵達右岸，該怎麼做比較好呢？請思考出最快的方法。

（圖 34）

・解 1

（1）帶山羊過河→（2）農夫返回左岸→（3）帶狼過河→（4）帶山羊一起返回左岸→（5）帶高麗菜過河→（6）農夫返回左岸→（7）帶山羊過河

・解 2

（1）帶山羊過河→（2）農夫返回左岸→（3）帶高麗菜過河→（4）帶山羊一起返回左岸→（5）帶狼過河→（6）農夫返回左岸→（7）帶山羊過河

解 說

這個例題就是過河問題當中經典的「狼、山羊、高麗菜」問題。

如果把這道題目視為普通的謎題，恐怕會讓很多人想得頭昏腦脹吧，但其實只要運用圖論就能迎刃而解。

首先我們先來確認問題的條件吧。不能單獨留在岸邊（一方會被另一方吃掉）的組合有以下三種：

狼和山羊　　山羊和高麗菜　　狼、山羊、高麗菜

（圖 35）

假設此處用以下的方式表示「狼和高麗菜」在左岸、「農夫和山羊」在右岸的狀態：

（狼、菜）－（人、羊）

接下來列出所有不會出現上述「不能單獨留在岸邊的組合」的情形，包含左岸和右岸統統考慮在內，總共有**以下十種情形**：

- ·（狼、羊、菜、人）－（　） ·（狼、菜、人）－（羊）
- ·（狼、羊、人）－（菜） ·（羊、菜、人）－（狼）
- ·（狼、菜）－（羊、人） ·（羊、人）－（狼、菜）
- ·（狼）－（羊、菜、人） ·（菜）－（狼、羊、人）
- ·（羊）－（狼、菜、人） ·（　）－（狼、羊、菜、人）

接下來把〇配置在十邊形的各個頂點上，並讓每個〇分別對應到一種情況（如下圖）。起點是「（狼、羊、菜、人）－（　）」，目標則是「（　）－（狼、羊、菜、人）」。

這次要思考的是如何移動，因此〇與〇之間就用→相連吧。

現在要依序在圖中畫上→，不過這裡有兩項必須遵守的規則。

規則 1：因為題目是要我們思考最快的方法，所以**只要有→出來的**〇，就不能**再有→進去**（不再回到與過去相同的狀態）。

規則 2：因為只有人（農夫）能夠划船，所以**人一定要移動**。

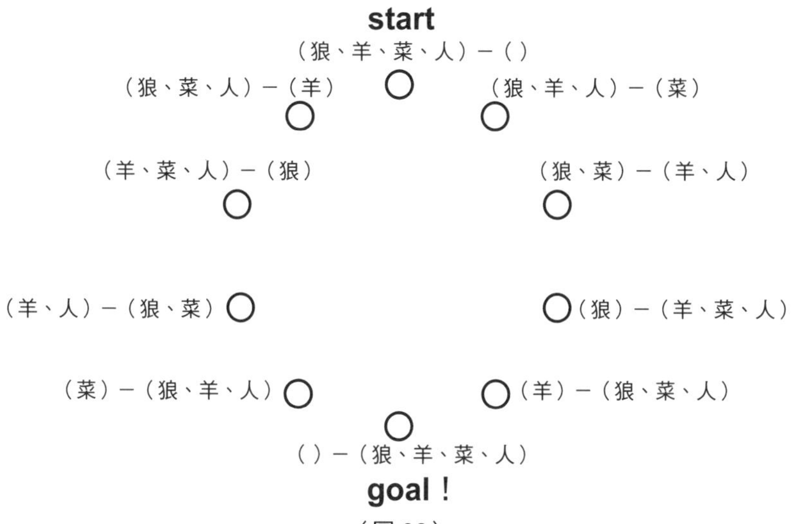

start
（狼、羊、菜、人）－（　）

（狼、菜、人）－（羊）　〇　　　〇　（狼、羊、人）－（菜）

（羊、菜、人）－（狼）　〇　　　〇　（狼、菜）－（羊、人）

（羊、人）－（狼、菜）〇　　　　　　〇（狼）－（羊、菜、人）

（菜）－（狼、羊、人）〇　　　〇（羊）－（狼、菜、人）

〇
（　）－（狼、羊、菜、人）

goal！

（圖 36）

（1）除了人以外，只能再讓一頭動物或是一顆高麗菜上船，所以可能的情況只有「（狼、菜）－（羊、人）」而已。

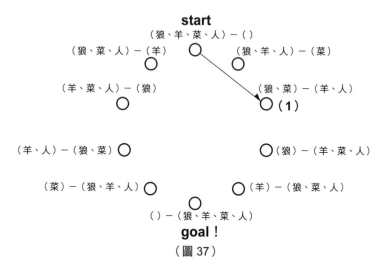

（圖 37）

（2）因為有→出去的○就不能再有→進去，所以除了「（狼、菜、人）－（羊）」以外，其他情形都不可能。

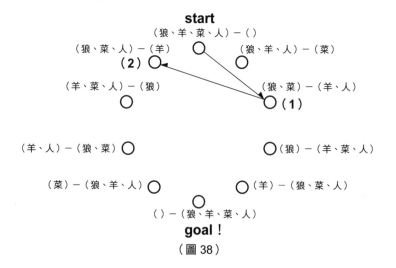

（圖 38）

（3）這一趟可以帶狼過河，也可以帶高麗菜過河，因此（3）有「（菜）－（狼、羊、人）」和「（狼）－（羊、菜、人）」這**兩種可能性**（一條用黑色→，一條用藍色→表示）。

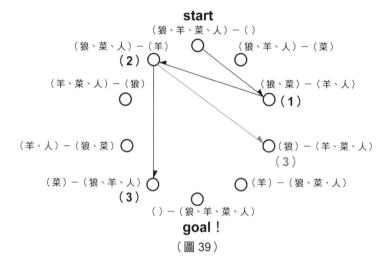

（圖39）

（4）左岸沒有（菜、人）或（狼、人）的情況，因此無論是黑色或藍色，**都不能把山羊留在右岸**。換句話說，下個步驟不是「（羊、菜、人）－（狼）」就是「（狼、羊、人）－（菜）」。

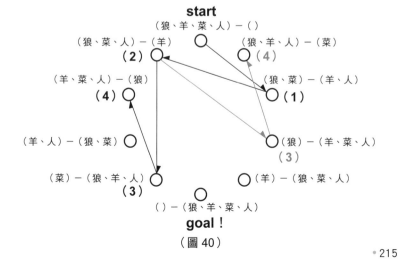

（圖40）

（5）接下來可以選擇的情況只有「（羊）－（狼、菜、人）」而已。

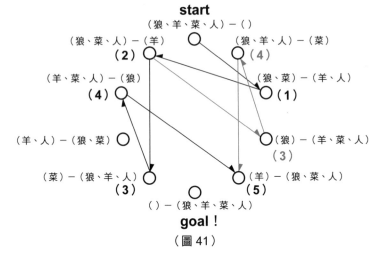

（圖41）

（6）可以選擇的情況只有「（羊、人）－（狼、菜）」而已。

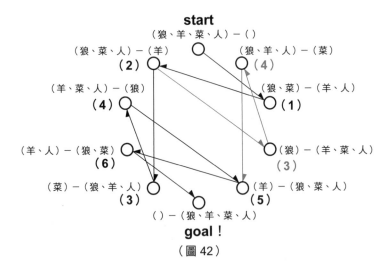

（圖42）

（7）目標達成！＼（^o^）／

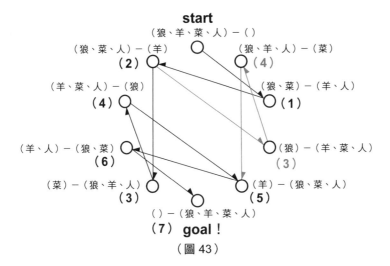

start
（狼、羊、菜、人）－（）

（狼、菜、人）－（羊）
（2）

（狼、羊、人）－（菜）
（4）

（羊、菜、人）－（狼）
（4）

（狼、菜）－（羊、人）**（1）**

（羊、人）－（狼、菜）
（6）

（狼）－（羊、菜、人）
（3）

（菜）－（狼、羊、人）
（3）

（羊）－（狼、菜、人）
（5）

（）－（狼、羊、菜、人）
（7） **goal！**
（圖 43）

　　解這道題目的重點在於，無論如何都要在（4）的時候「帶山羊一起返回左岸」，而如果要遵守題目中的兩項規則，此時**運用圖論思考的優點就是，我們自然而然就知道該怎麼做了**。過河問題的題目五花八門，有興趣的人請務必多方嘗試。

假設 A 某與 B 某同屬於業務部。下表是兩人進入公司 5 年來，各自簽下的契約件數。

（表 1）

全年契約件數（件）						平均
	第一年	第二年	第三年	第四年	第五年	
A 某	48	49	50	51	52	50
B 某	30	40	50	60	70	50

從這張表格即可知，**A 某的業績分散程度比較小**，不過兩人的平均都是 50（件）。若光看「平均」的話，其實看不出來分散的程度。

如果要**用一個數字來表示資料的「分散程度」**，數學上使用的是這一節要介紹的**變異數**與**標準差**。除此之外，這一節還會介紹如何使用試算表軟體 Excel 來計算這些數字。

A 某　　B 某

用來表示「分散程度」的數字是？

↓

變異數與標準差

（圖 44）

何謂變異數

如果想要表示 A 某與 B 某的「分散程度」，一開始最先想到的會是什麼呢？我想應該是**「各自的值距離平均有多遠」**吧。因此，我們就來根據前頁的表格，製作一張**「與平均值的差異」**的表格。

（表2）

全年契約件數（件）—— 與平均值的差異					
	第一年	第二年	第三年	第四年	第五年
A 某	−2	−1	0	1	2
B 某	−20	−10	0	10	20

如此一來就能更清楚的知道，A 某的分散程度比較小對吧。不過我們的目標是用一個數字呈現出「分散的程度」。那麼，現在先來計算看看兩者**「與平均值的差異」**的平均吧。

‧A 某的「與平均值的差異」的平均

$$\frac{(-2)+(-1)+0+1+2}{5}=0〔件〕$$

‧B 某的「與平均值的差異」的平均

$$\frac{(-20)+(-10)+0+10+20}{5}=0〔件〕$$

結果兩者「與平均值的差異」的平均都是 0（件）……。這是因為**「與平均值的差異」當中有正值也有負值，於是在求取平均的過程中，全部相加起來就互相抵消掉的緣故。**

因此，為了不讓「與平均值的差異」當中含有負值，乾脆一口氣**乘以 2 次**吧！（^_-)-☆

（表3）

全年契約件數（件²）——與平均值的差異²					
	第一年	第二年	第三年	第四年	第五年
A 某	4	1	0	1	4
B 某	400	100	0	100	400

然後再來計算看看「（與平均值的差異）^{2} 的平均」。

・A 某的（與平均值的差異）^{2} 的平均

$$\frac{4+1+0+1+4}{5}=2〔件^2〕$$

・B 某的（與平均值的差異）^{2} 的平均

$$\frac{400+100+0+100+400}{5}=200〔件^2〕$$

A 某是 2（件^2），B 某是 200（件^2）。這一回可以明顯看出差異了！＼（^o^）／

「（與平均值的差異）^{2} 的平均」在比較分散程度時非常有用，因此才有了專屬的名字，叫做**變異數（variance）**。

何謂變異數

（與平均值的差異）^{2} 的平均。

只是變異數有一些小小的問題，那就是**數值太大**，還有**單位很奇怪**。

舉例而言，剛才 B 某的變異數是「200（件^2）」，但 B 某實際的契約件數是「30、40、50、60、70（件）」。和這五個數字的分散程度比起來，200 這個數字感覺好像太大了，而且「件^2」這個

單位看起來也挺令人疑惑。

因此，我們再來**求取變異數的**$\sqrt{}$看看吧。

· A 某的$\sqrt{（與平均值的差異）^2 的平均}＝\sqrt{變異數}$

$\sqrt{2}＝1.4142……$〔件〕

· B 某的$\sqrt{（與平均值的差異）^2 的平均}＝\sqrt{變異數}$

$\sqrt{-200}＝10\sqrt{2}＝14.142……$〔件〕

計算「$\sqrt{變異數}$」後得到的結果，A 某約 1.41（件），B 某約 14.1（件）。這次算出來的數字比較能夠想像 A 某「48、49、50、51、52（件）」與 B 某「30、40、50、60、70（件）」的資料分散程度了，對吧？

從「$\sqrt{變異數}$」這個值本身來看，我們比較容易想像原始資料的分散程度，而且單位也與原始資料一致，這顯然是一個非常有為的值。當然，它也有自己專屬的名字。

「$\sqrt{變異數}$」的名字就叫**標準差（standard deviation）**。

何謂標準差
$\sqrt{變異數}$

這裡姑且用數學式來定義一下變異數和標準差吧（^_-）-☆

一般而言，當一筆資料當中有 x_1、x_2、x_3、……x_n n 個值時，假設**平均是「$\bar{x}$」，變異數是「V」，標準差是「σ」**，那麼：

平均：$\bar{x}＝\dfrac{x_1＋x_2＋x_3＋……＋x_n}{n}$

$$變異數：V=\frac{(x_1-\overline{x})^2+(x_2-\overline{x})^2+(x_3-\overline{x})^2+\cdots\cdots+(x_n-\overline{x})^2}{n}$$

$$標準差：\sigma=\sqrt{V=\frac{(x_1-\overline{x})^2+(x_2-\overline{x})^2+(x_3-\overline{x})^2+\cdots\cdots+(x_n-\overline{x})^2}{n}}$$

附 註

「σ」是相當於「s」的希臘字母，也就是標準差的英文「standard deviation」的字首。

彙整成文字式以後好像變得很複雜，但只要代入具體數字計算就會發現，其實並沒有看起來那麼困難。

以下就來試做一道例題吧。

例題7

下表是 A 班 10 名學生的小考成績（滿分 10 分）。請算出平均值、變異數和標準差。

（表4）

A班的小考成績									
分數（分）	6	4	5	5	8	6	4	2	3	7

解 答

平均值：5（分）

變異數：3（分²）

標準差：$\sqrt{3}$（≒1.73）（分）

首先求平均值：

$$\frac{6+4+5+5+8+6+4+2+3+7}{10} = \frac{50}{10} = 5 〔分〕$$

根據求得的平均值製作下表。

（表5）

A班的小考成績											平均
分數（分）	6	4	5	5	8	6	4	2	3	7	5
與平均值的差異	1	−1	0	0	3	1	−1	−3	−2	2	
（與平均值的差異）^{2}	1	1	0	0	9	1	1	9	4	4	

變異數是「（與平均值的差異）^{2} 的平均」，因此：

$$\frac{1+1+0+0+9+1+1+9+4+4}{10} = \frac{30}{10} = 3 〔分^2〕$$

再來，因為標準差是 $\sqrt{變異數}$，所以：

標準差 $= \sqrt{3} = 1.732\ldots\ldots$〔分〕

還好嗎？你是否也覺得和看到文字式時的衝擊比起來，其實出乎意料的簡單呢？

但計算變異數或開根號的標準差，確實也是一件很麻煩的事，因此這邊也要教各位如何用試算表軟體 Excel 來計算變異數和標準差。

用 Excel 計算變異數和標準差的方法

以下用實際的畫面（Excel 2013）來說明。

首先，輸入想要算變異數或標準差的資料。

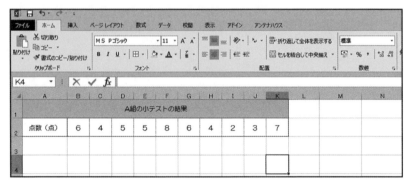

（圖45）

·變異數的求法

① 點選想要輸出變異數的任意儲存格（此處是 B4）。

② 從**公式**進入「**其他函數**」→「**統計**」，點選「**VAR.P**」。

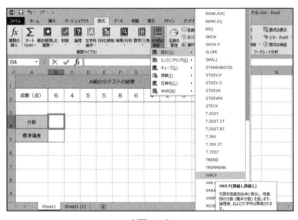

（圖46）

③ 在「**Number1**」中**選取**欲求算變異數資料的**儲存格範圍**
（**B2:K2**）後，點選「**確定**」。

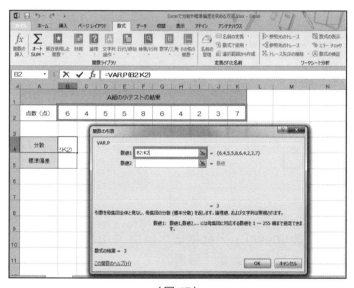

（圖 47）

④ 求得變異數為「**3**」。

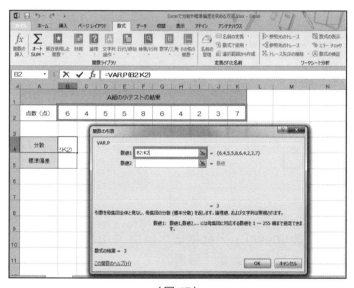

（圖 48）

・標準差的求法

　① 點選想要輸出標準差的任意儲存格（此處是 B5）。

　② 從公式進入「其他函數」→「統計」，點選「**STDEV.P**」。

（圖 49）

　③ 在「**Number1**」中**選取**欲求算標準差資料的**儲存格範圍**
　　（**B2:K2**）後，點選「**確定**」。

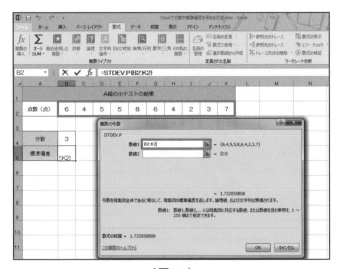

（圖 50）

④ 求得標準差為「**1.73**」。

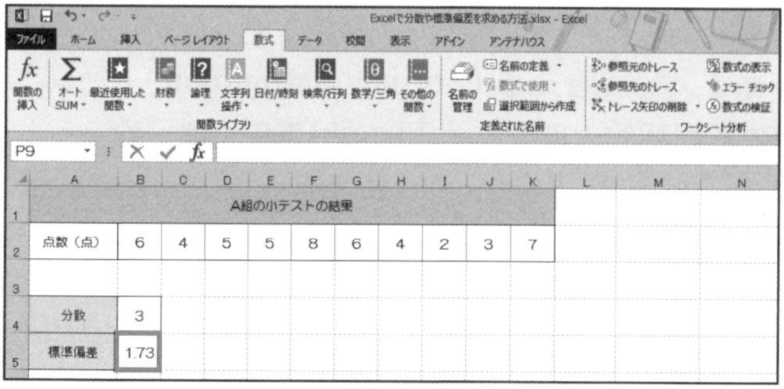

（圖 51）

附 註

嚴格來説標準差是 $\sqrt{3}＝1.7320508\cdots\cdots$，但此處只顯示到小數點以下第二位。

常態分布與標準差

　　在不少情況下，已經有人幫我們算好各種資料的標準差了。那麼在這種情況下，我們又該如何解讀、如何使用標準差的值比較好呢？下面就來思考大學入學考試的例子。

　　日本 2015 年度大考中心測驗的數學平均分數（滿分 100 分）是 61.27 分，標準差是 20.31 分。假設你是這場考試的應考生，而且你的成績是 83 分好了。83 分遠高於平均分數，因此可以説是「不錯的成績」，但這個分數在 40 人的班級中有擠進前十名嗎？是否能與班上第一名的同學相匹敵呢？還是已經到達全校頂尖的程度了呢？光從平均分數「61.27 分」是無法解答這些問題的。不過**只**

要運用標準差「**20.31 分**」這項資訊，我們就可以知道 83 分究竟是多好的成績了。

像大考中心測驗那種非常多人參加的考試，分數的分布會接近一個平均值，又稱**常態分布（normal distribution）**。所謂的常態分布就是**左右對稱的山形分布**，山的頂點與平均值一致。

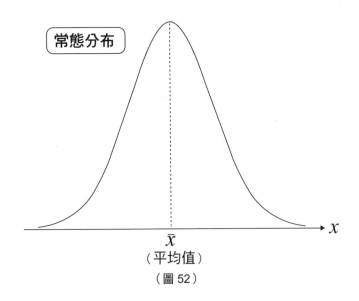

常態分布

$\bar{x}$
（平均值）

（圖 52）

附　註

常態分布的曲線可用以下的數學式表示（看看就好！）

$$f(x) = \frac{1}{\sqrt{2\pi\sigma^2}}e^{-\frac{(x-\bar{x})^2}{2\sigma^2}}$$

（接下來的部分很重要！）一般而言，**在常態分布的情況下，全部資料約有 68.3％分布在「平均值±σ（標準差）」的範圍內，約 95.5％分布在「平均值±2σ」的範圍內**（參照次頁的圖 53）。

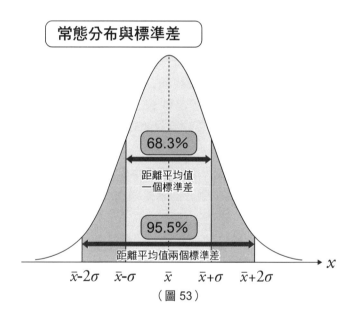

常態分布與標準差

· 距離平均值在一個標準差之內的範圍：
　全體的 68.3%
· 距離平均值在兩個標準差之內的範圍：
　全體的 95.5%

常態分布與標準差

68.3%

距離平均值
一個標準差

95.5%

距離平均值兩個標準差

$\bar{x}-2\sigma$　$\bar{x}-\sigma$　$\bar{x}$　$\bar{x}+\sigma$　$\bar{x}+2\sigma$

（圖 53）

　　在日本 2015 年度的大考中心測驗中，參加數學考試的人約有 34 萬人，因此「全部資料的 68.3%」大約相當於 23 萬人。換句話說，介於「距離平均值一個標準差範圍」之內的考生大約是 23 萬人。反過來說，不在「距離平均值（61.27 分）一個標準差（20.31 分）的範圍」＝「40.96～81.58 分的範圍」之內的考生，大約是 11 萬人。不過這 11 萬人是 40.96 分以下加上 81.58 分以

上的人數，因此 81.58 分以上的人數大約是 11 萬人的一半，也就是 5～6 萬人左右吧。

把上述比例代入 **40 人的班級換算**，則 81.58 分以上的學生估計有 6～7 人，因此考 83 分的你，**在班上差不多是第 5～6 名的「好成績」**。(^_-)-☆

雷曼兄弟事件不是「極端特例」

除了上述的例子以外，像天上降下來的雨滴大小、動植物的大小或重量等，也都非常接近常態分布。

在統計學當中，**介於全體資料的 68.3％範圍內的資料，被視為「非常正常的值」；介於全體資料 95.5％範圍內的資料**，被視為**「十分有可能的值」**。反之，**全體資料的其餘 4.5％**，大多被判斷為**「極端特例的值」**。

換句話說，**標準差就是一種判斷手中個別數值是否「正常」的指標**。從這層意義上來看，剛才例子裡得到的 83 分，應該可以說是雖然不正常但也十分有可能的分數。

附帶一提，股價的變動也是類似常態分布的左右對稱山形分布，但和常態分布不同的是，股價分布的左右兩端不會急遽縮小。因此，**股價不能算是依循常態分布**。如果股價變動依循常態分布的話，一想到距離平均值兩個標準差以上的暴跌或暴漲（極端特例）不可能發生，應該可以更輕鬆的管理風險才對。

但實際上，例如 2008 年 9 月發生的**雷曼兄弟事件**，那種距離平均值大約五個標準差的大變動（在常態分布的情況下，1 萬年也發生不到 1 次的大暴跌），在過去一百年間已經發生過好幾次。

既然股價的變動未依循常態分布，那麼像這樣的**「大暴跌」雖然不能算是「正常」的事，但也堪稱「十分有可能的事態」**了。

（參考：《統計與機率個案研究 30（暫譯）》日本牛頓別冊（Newton Press））

> 標準差的運用方式
> 在常態分布的情況下，平均值±σ 是「非常正常的值」，平均值±2σ 是「十分有可能的值」。

標準分數

　　前文提到標準差是判斷一個數值是否介於正常範圍內的指標，而讓這個概念更簡單易懂的就是**標準分數（standard score）**。

　　應該很多人都知道「標準分數 50」代表平均的意思吧。在一般人的印象中，「標準分數 60」差不多代表優秀，「標準分數 70」代表相當優秀，「標準分數 80」則是幾乎不存在。若從結論來說，這些印象都是正確的。

　　標準分數的計算式如下：

$$標準分數 = \frac{分數 - 平均分數}{標準差} \times 10 + 50$$

　　假設在一次平均分數為 $\bar{x}$，標準差為 σ 的考試中，某個學生的成績是 x 分，該學生的標準分數為「T」，則上述算式用文字表示就會是：

$$T = \frac{(x - \bar{x})}{\sigma} \times 10 + 50$$

　　由此計算式可知，當**分數比平均分數高出一個標準差**，也就是「分數－平均分數＝標準差（x－$\bar{x}$＝σ）」時，**標準分數就是 60**；當**分數比平均分數高出兩個標準差**，也就是「分數－平均分數＝

2×標準差（x－x̄＝2σ）」時，**標準分數就是 70**。

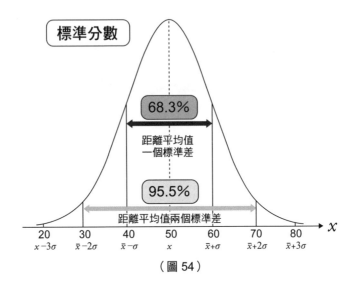

（圖 54）

　　當所有學生的分數分布呈現常態分布時，標準分數 30～70 的學生約占全體的 95.5％；標準分數 30 以下與標準分數 70 以上的學生共占全體的 4.5％；**如果只看標準分數 70 以上的學生，更是僅占全體的 2.25％左右（4.5％÷2）**而已。若換算成 40 人的班級，連全班第一名都不見得能夠達到這個成績。在常態分布的情況下，超過平均值±2σ的都是極端特例，因此**超過標準分數 70 的成績可以說是「極端優秀的特例」**。

　　順帶一提，以前面提到的大考中心測驗來說，由於數學平均分數是 61.27 分，標準差是 20.31 分，因此考 83 分的你，標準分數就是：

$$T = \frac{83 - 61.27}{20.31} \times 10 + 50 = 60.69 \cdots\cdots$$

也就是大約 61 左右。

在同樣的考試中得到 100 分的考生，根據以下算式計算出來的標準分數約為 69。

$$T = \frac{100 - 61.27}{20.31} \times 10 + 50 = 69.06……$$

例題8

2015 年度日本大學入學考試中心測驗的國文（滿分 200 分）平均分數是 119.22 分，標準差是 33.39 分。請算出這場考試中標準分數為 70 的考生，實際成績是多少。

解 答

186 分

解 說

標準分數 70 代表比平均分數（119.22 分）高出兩個標準差（33.39 分）。

$$119.22 + 2 \times 33.39 = 119.22 + 66.78 = 186$$

因此，答案就是 186 分。

2008 年，當時還在 Google 擔任產品經理的丹・西洛克（Dan Siroker），加入了總統候選人歐巴馬的競選團隊。他負責的工作是網站設計。

西洛克進行了一項實驗，他在閱覽者第一眼會看見的畫面，也就是在「登陸頁面」上準備了六種影像（或影片）與四種登入電郵地址的按鈕，並在一定的期間內把上述共二十四種組合隨機顯示在網站閱覽者的面前（參照下圖）。

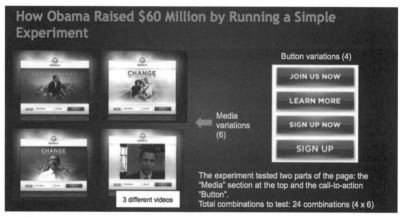

（出處：「Scurvy, A/B Testing, and Barack Obama」
http://blog.shinetech.com/2015/03/26/scurvy-ab-testing-and-barack-obama/）

（圖 55）

結果發現在不同的頁面設計下，願意登入電郵地址的人數比例也相差懸殊。這表示**網站設計與電郵地址的登入率之間是有相關性的**。

附帶一提，登入率最高的設計據說是候選人歐巴馬的全家福，加上寫著「LEARN MORE（了解詳情）」的登入按鈕組合。

（出處：「How Obama Raised $60 Million by Running a Simple Experiment」http://blog.optimizely.com/2010/11/29/how-obama-raised-60-million-by-running-a-simple-experiment/）

（圖 56）

　　據說歐巴馬陣營在網站設計的決定上，靠著這樣的過程將電郵地址的登入人數提高了約 40％，政治獻金甚至增加了 6,000 萬美元之多（約新臺幣 19.7 億元。依 2016 年 5 月 31 日臺灣銀行新臺幣兌美金匯價 32.8，以下皆同）。

　　像這樣找出兩個變數（變量）間的**相關性**，進而帶來龐大利益的情形並不少見，因為只要知道其中存在相關性就能夠預測未知的值。這一節要介紹的就是詮釋相關性的**迴歸分析（regression** analysis），與用 Excel 進行迴歸分析的方法（省略掉困難的部分）。

相關關係的基本概念與散布圖

假設**有兩個變量**，當一方增加時，另一方也有增加的趨勢，這時可說兩者**呈正相關**。反之，當一方增加時，另一方有減少的趨勢，則稱兩者**呈負相關**。若沒有增加也沒有減少的趨勢，代表兩者**無相關**。

舉例而言，相信大家都能同意身高與腳長呈正相關，而房子的租金與距離車站的遠近呈負相關。

> 何謂相關關係
>
> **當一方增加時，另一方也有增加（或減少）的趨勢。**

相關關係並不像第二章學過的函數關係（正確意義下的因果關係）那樣嚴密，只要任兩個變量間有一定的傾向就能成立。傾向程度小代表**相關關係弱**，傾向程度大代表**相關關係強**。

那麼我們究竟該如何判斷相關關係的有無或強弱呢？

有一種圖可以幫助我們靠直覺判斷相關關係，那就是**散布圖**。繪製散布圖時，必須把兩個變量分別對應到坐標軸的橫軸與縱軸，然後根據資料在坐標圖上畫點。

實際來畫一張看看吧。

下圖是從某個團體中任意選出 20 人，再把各自的身高與腳長彙總成表格。

身高（公分）與腳長（公分）										
	①	②	③	④	⑤	⑥	⑦	⑧	⑨	⑩
身高	160	163	159	149	157	158	161	169	170	166
腳長	23.5	24	23	22.5	23	23.5	24	24.5	24	24.5
	⑪	⑫	⑬	⑭	⑮	⑯	⑰	⑱	⑲	⑳
身高	170	175	174	176	183	172	169	179	173	177
腳長	26.5	26.5	26	26.5	27.5	26.5	26	26	27	27.5

（圖 57）

把這些數值按照橫軸身高、縱軸腳長畫成坐標圖上的點，就會變成像下圖這樣：

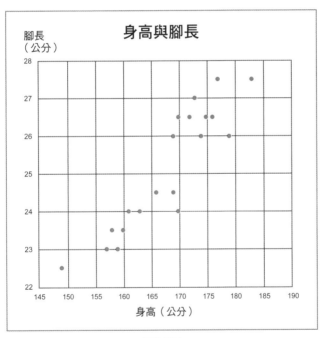

（圖 58）

這就是**散布圖**。

散布圖大致上可分成以下五種。只要將兩變量的資料整理、繪製成散布圖，就能用視覺判斷兩變量之間相關關係的有無或強弱（雖然是比較粗略的）。

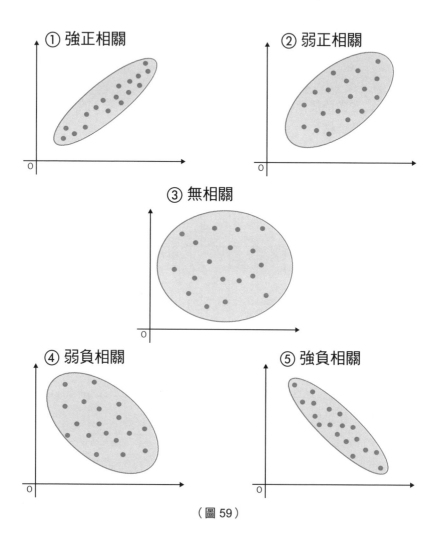

（圖 59）

整體而言，若資料的分布為**左下－右上代表正相關，左上－右下則代表負相關**。此外，分布**愈接近直線，相關性愈強；愈接近圓形，相關性愈弱（或者無相關）**。

前面的「身高與腳長」的散布圖是向右上方傾斜，而且分布接近直線，所以可以說是強正相關。

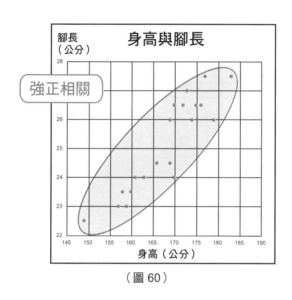

（圖 60）

迴歸分析的基本概念

只要知道兩個變量之間存在相關關係，就能幫助我們**預測未知的資料**。此處會用到的方法就叫做**迴歸分析**。

進行迴歸分析的第一步，就是用「y＝ax＋b」的形式求**與資料分布近似的直線式**。

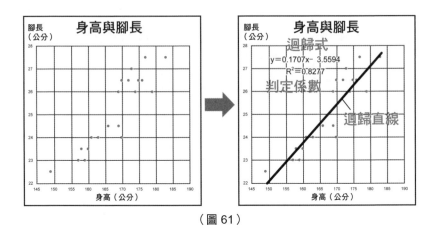

（圖 61）

此時，與資料分布近似的直線稱**迴歸直線**，用來表示直線的「y＝ax＋b」稱**迴歸式**。

若以前面的「身高與腳長」為例，迴歸式就是：

$$y＝0.1707x−3.5594$$

不過即使在與原始資料不相關的情況下，數學上依然有可能求得迴歸式，因此求得的**迴歸式，也就是與分布近似的直線，有必要確認其準確度**。而能夠反映近似準確度的就是**判定係數**，通常以「R^2」來表示。R^2 一定介於 0～1 之間，通常 R^2 在 0.5 以上就會被視為「高準確度」。在「身高與腳長」的例子中，判定係數是 0.8277，由此可知求得的迴歸式準確度算是（相當）高的。

迴歸直線：與分布近似的直線。

迴歸式（y＝ax＋b）：代表迴歸直線的方程式。

判定係數（R^2）：代表迴歸式的準確度（$R^2 \geq 0.5 \Rightarrow$ 高準確度）。

接下來就從同個團體中某位成員的身高，運用上述的迴歸式來推測他的腳有多大吧。假設 A 某的身高是 165 公分。x 為身高（公分），y 為腳長（公分），所以把 x＝165 代入前頁的式子以後，就會得到：

$$y＝0.1707 \times 165 - 3.5594$$
$$＝24.6061〔公分〕$$

因此，我們**可以推測 A 某的腳長大約是 24.6 公分**。

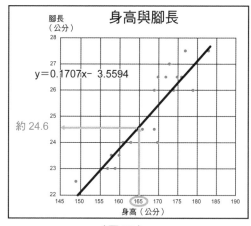

（圖 62）

・關於迴歸式「y＝ax＋b」

「y＝ax＋b」代表 y 是 x 的一次函數。**一次函數的圖形是直線**，a 代表斜率，b 則代表函數在 y 軸上的截距。假設 a＝2 而 b＝－1，代入式子中就是 y＝2x－1，代表的就是下圖的直線。

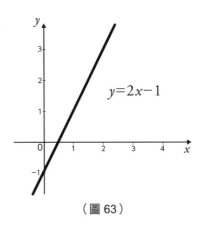

（圖 63）

用 Excel 進行迴歸分析的方法

讀到這裡，各位應該會想：「我知道迴歸式可以用來計算估計值，但説來説去，又該如何才能求得迴歸式呢？」

事實上，要用數學的方法計算出迴歸式或判定係數，絕對不是一件簡單的事……（淚），不過我們還有 Excel 這個強力的助手啊！

這裡就不提如何用數學的方式計算迴歸式或判定係數了，我想直接為各位介紹**如何用 Excel（2013）求出散布圖、迴歸式（迴歸直線）以及判定係數。**

如欲深入了解計算迴歸式或判定係數的數學背景，請參閱卷末的參考文獻。

例題 9

（表 6）

東急田園都市線租屋行情		
站名	距離澀谷的時間	租屋行情（萬日圓）
澀谷	0	11.81
池尻大橋	2	10.31
三軒茶屋	4	8.61
駒澤大學	6	8.4
櫻新町	9	8.45
用賀	11	8.61
二子玉川	14	7.65
高津	17	7.21
溝之口	18	7.21
宮前平	24	6.28
鷺沼	26	6.45
多摩廣場	28	7.31
薊野	30	7.1
市尾	34	6.64
藤丘	36	6.2
青葉台	38	6.69
長津田	42	6.28
鈴懸台	46	4.84
月見野	50	4.07
中央林間	52	5.12

左表是日本東急田園都市線沿線的租屋行情。請根據各站停靠時距離澀谷的時間（分）和租屋行情（萬日圓）製作散布圖，並求迴歸式與判定係數。

此外，請根據求得的迴歸式推測距離澀谷 40 分鐘的車站附近的租屋行情。

（出處：租屋行情「住宅情報網站 HOME'S」（2015 年 5 月 15 日最新資訊））

散布圖

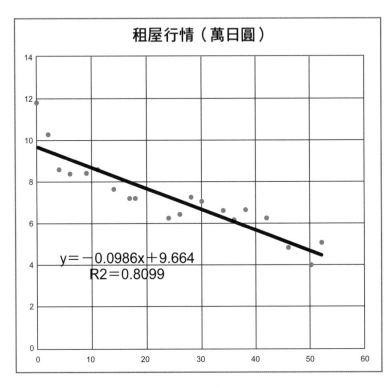

（圖 64）

迴歸式：y＝－0.0986x＋9.664

判定係數：R^2＝0.8099

距離澀谷 40 分鐘的車站附近的預估租屋行情：5.72（萬日圓；約新臺幣 1.7 萬元）

・繪製散布圖

① 連同標題選取「距離澀谷的時間」和「租屋行情」的儲存格（B2:C22）。

② 從**功能表「插入」**中的**「圖表」**選擇**「散布圖」**，（在此例中）點選**左上的圖表**。

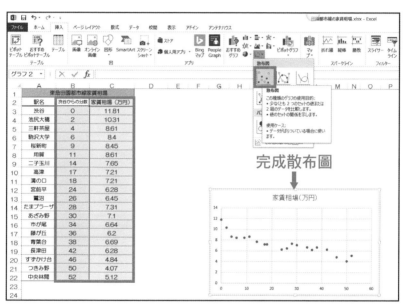

（圖 65）

③ 把完成的散布圖**調整成接近正方形的形狀**。

附 註

如果散布圖是長方形的話，很難判斷資料分布究竟是向右上方傾斜還是向右下方傾斜，或者形狀是接近直線還是圓形，因此散布圖通常要調整成接近正方形比較妥當。

‧求迴歸式（迴歸直線）與判定係數

④ 在散布圖上的**某個點**（任意點皆可）上**按右鍵**→點選快顯功能表上的「**加上趨勢線**」。

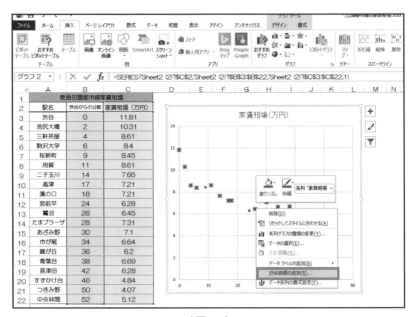

（圖 66）

⑤ 在「**趨勢線選項**」中點選「**線性**」，並在選項中勾選「**圖表上顯示公式**」和「**圖表上顯示 R 平方值**」。

附　註

如果想要改變迴歸直線的顏色、粗細、線條等，在完成的**迴歸直線上按右鍵**→「**趨勢線格式**」→點選「**填滿與線條**」。另外，想要更改迴歸式或判定係數的字型時，**在迴歸式和判定係數上按右鍵**→點選進入「**字型**」。

依循上述步驟，即可獲得**散布圖**、**迴歸式**和**判定係數**（參照解答）。

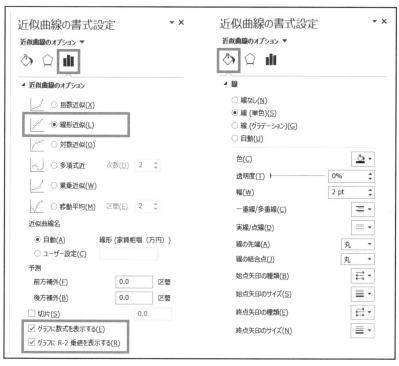

（圖 67）

接下來用迴歸式推測距離澀谷 40 分鐘的車站附近的租屋行情。這次計算出來的迴歸式如下：

$$y＝－0.0986x＋9.664$$

x 代表距離澀谷的時間，y 代表租屋行情（萬日圓），因此用 x ＝40 代入上式。

$$y = -0.0986 \times 40 + 9.664$$
$$= 5.72 〔萬日圓〕$$

附帶一提，東急田園都市線上確實有「距離澀谷 40 分鐘的車站」，那就是田奈站。根據與題目相同的資料來源「住宅情報網站 HOME'S」（2015 年 5 月 15 日最新資訊）」所示，田奈站的租屋行情是「5.75 萬日圓（約新臺幣 1.7 萬元）」，可見「5.72 萬日圓（約新臺幣 1.7 萬元）」這個預測值還算蠻準的吧（^_-）-☆

葡萄酒方程式

美國普林斯頓大學的經濟學家亞森費特（Orley Ashenfelter, 1942～），在調查法國波爾多地區的氣象資料數十年後，篩選出四項與波爾多葡萄酒價格有高度相關的因素，分別是葡萄收成前一年冬天的降雨量、葡萄收成當年夏天的平均氣溫、當年秋天的降雨量，以及葡萄酒的年齡（熟成年數）。此處分別以下列符號代表四項因素。

（圖 68）

· 與葡萄酒價格有高度相關的四項因素

① 葡萄收成前一年冬天的降雨量（正相關）：WR

② 葡萄收成當年夏天的平均氣溫（正相關）：ST

③ 葡萄收成當年秋天的降雨量（負相關）：AR

④ 葡萄酒的年齡（正相關）：Y

亞森費特針對 ①～④ 和葡萄酒的價格這五項變量，運用**多元迴歸分析**（multiple regression analysis）的方法，得出以下這個俗稱**「葡萄酒方程式」**的**多元迴歸式**。

$$\log_e \frac{某年的平均價格}{1961 \text{ 年的平均價格}}$$

$$=0.00117 \times WR + 0.616 \times ST - 0.00386 \times AR + 0.0239 \times Y - 12.145$$

附 註

前面所舉的「身高→腳長」或「距離澀谷站的時間→租屋行情」等例子，都是根據一項因素推測出結果，因此又稱一元迴歸分析（single regression analysis）；至於像葡萄酒方程式這種根據複數因素推測結果的則稱多元迴歸分析。經過多元迴歸分析結果所得的迴歸式就稱多元迴歸式。

上述的式子雖然有點複雜，但各位只要知道**它代表的意思是「葡萄酒的品質」**即可。當這個數值愈大，代表當年的葡萄酒品質（平均價格）應該會愈高。此外，這裡之所以會出現「1961 年的平均價格」，是因為 1961 年屢屢被評為「傳奇年分」，因此才會以該年的葡萄酒為基準。

根據暢銷書作家伊恩·艾瑞斯（Ian Ayres）在其著作《什麼都能算，什麼都不奇怪：超級數據分析的祕密》中所述，亞森費特在

1983 年發表這道方程式時，似乎遭到傳統的葡萄酒評論家群起批判。連赫赫有名的羅伯特・派克（Robert Parker）都嚴厲抨擊道：「這就像是電影評論家不看電影本身，只看演員或導演就想評論電影的好壞一樣。」**明明沒有品酒的習慣，卻只憑資料就想預測葡萄酒的品質**，這樣的行為似乎引起了不小的反彈。

然而，亞森費特在 1990 年初用「葡萄酒方程式」預測「1989 年應該會超越 1961 年，成為『本世紀以來最好的一年』。」結果數年後證實他的預期無誤，震驚了許多葡萄酒愛好家。因為亞森費特發表這項預言時，1989 年的葡萄酒才剛入桶而已，誰也沒嘗過味道。

透過資料的解析推導出有益的（或出乎意料的）事實就叫做**資料探勘（data mining）**，而亞森費特的葡萄酒方程式可以說是相當好的實例之一。

練習 1

　　請估算職業足球選手（不包含守門員）在一場比賽中移動的距離。

練習 2

　　請估算日本全年的書籍銷售收入。

練習 3

　　你家附近有一家遠近馳名的拉麵店，門口總是大排長龍，但那家店卻沒有附停車場，附近也沒有任何收費停車場。除此之外，警察也很少來取締違規停車。因此，從遠方開車來的客人經常任意占用車位，這一點讓你相當困擾。請用賽局理論思考任意占用車位的現象之所以不會消失的理由。

　　另外，也請思考改善這種狀況的對策。

練習 4

　　A 公司與 B 公司同為綜合家電製造商，目前 A 公司生產的主力商品是生活家電，B 公司的主力商品則是音響製品。近來，A 公司為了擴大收益，開始考慮投入與音響有關的新市場。

　　若 A 公司投入音響市場的話，B 公司有兩個選擇，一是「合併」，二是「徹底抗戰」。

　　若 B 公司選擇「合併」，B 公司會被搶走部分股份，預計每年

將損失 30 億日圓（約新臺幣 9 億元）的收益，A 公司則會增加 30 億日圓（約新臺幣 9 億元）的收益。

另一方面，假設 B 公司選擇「徹底抗戰」，B 公司將會捲入激烈的價格競爭，且雙方估計都會損失 50 億日圓（約新臺幣 15 億元）。請用賽局理論評估 A 公司是否應該投入音響市場。

(練習5)

假設 206 頁例題 5「穩定結婚問題」是由女性告白，請使用「GS 演算法」配對，讓所有人都能夠組成「幸福的佳偶」。

6 人心儀的異性順位如下：

‧A（①c、②b、③a）　‧a（①A、②C、③B）
‧B（①a、②b、③c）　‧b（①B、②A、③C）
‧C（①c、②a、③b）　‧c（①B、②C、③A）

(練習6)

下表是 B 班 10 名學生的小考成績（滿分 10 分）。請用公式計算出平均值、變異數和標準差，並用 Excel 驗算結果。

（表 7）

B 班的小考成績									
分數（分）	6	10	5	2	6	0	6	2	5	8

(練習7)

2015 年度日本大學入學考試中心測驗的英文（筆試：滿分 200 分）平均分數是 116.17 分，標準差是 40.96。請算出這場考試中標準分數為 40 的考生，實際成績是多少（小數點以下四捨五入）。

（表8）

餐廳營業收入	
預約人數（人）	餐廳營業收入（萬日圓）
5	10.3
7	13.6
10	22.3
9	11.0
22	31.5
32	41.0
24	42.6
17	17.1
11	15.9
13	26.6
21	25.3
19	32.6
14	18.2
28	41.3
33	40.6
8	20.2
16	26.9
26	31.3
18	36.6
30	39.9

左表是某家餐廳事先預約的來店人數和當天的（包含未預約客人在內）營業收入彙總表。請根據預約人數（人）和餐廳的營業收入（萬日圓）繪製散布圖，並求迴歸式與判定係數。

此外，請根據求得的迴歸式推測預約人數為 20 人時，當天的餐廳營業收入是多少（求至小數點以下第一位）。

練習問題的解答與解說

練習1

解答範例

14 公里

解 說

① **假設**

- 假設守門員以外的足球選手在一場比賽當中移動的距離與位置無關，均以「平均速度×比賽時間」計算。

② **拆解問題**

求解這道題目所需的資料與估計量如下：

- 比賽時間（資料）
- 選手步行時的平均時速（估計量）
- 選手奔跑時的平均時速（估計量）
- 選手步行時間與奔跑時間的比例（估計量）

③ **資料**

- 比賽時間為 1.5 小時（90 分鐘）

④ **決定估計量**

- 選手步行時的平均時速
- →人類步行速度大約是時速 4～5 公里，假設選手步行的平均速度為**時速 5 公里**。
- 選手奔跑時的平均時速

→如果 10 秒鐘能跑 100 公尺，幾乎就是世界紀錄了。換算成秒速的話就是：

$$100〔公尺〕÷10〔秒〕＝10〔公尺／秒〕$$

亦即秒速 10 公尺，但在 90 分鐘的比賽中，應該不會有那麼多全速衝刺的時間，因此這裡假設選手奔跑時的平均速度是世界紀錄的一半，也就是秒速 5 公尺好了。

$$5〔公尺／秒〕×3,600〔秒／小時〕＝18〔公里／小時〕$$

所以**時速是 18 公里**。

· 選手步行時間與奔跑時間的比例

→假設**整場比賽有 2/3 的時間在走路**，其餘 1/3 的時間在跑步。

⑤ **統整**

根據以上的數據，估計足球選手在一場比賽當中移動的距離。

· 步行的時間：

$$1.5〔小時〕×\frac{2}{3}＝1〔小時〕$$

· 奔跑的時間：

$$1.5〔小時〕×\frac{1}{3}＝0.5〔小時〕$$

· 步行時的移動距離：

$$5〔公里／小時〕×1〔小時〕＝5〔公里〕$$

· 奔跑時的移動距離：

$$18〔公里／小時〕×0.5〔小時〕＝9〔公里〕$$

・總移動距離：

$$5〔公里〕+9〔公里〕=14〔公里〕$$

因此，答案推定為 14 公里。

附帶一提，根據 FIFA 公布的資料顯示，在 2014 年的世界盃足球賽中，移動距離最長的美國代表麥可·布萊德利（Michael Bradley）選手，他的移動距離如果換算成 90 分鐘的話，為 12.62 公里。

練習2

解答範例

10,080 億日圓（約新臺幣 3,024 億元）

解 說

① **假設**

・假設書籍的銷售收入與有閱讀習慣的人平均每年的書籍購買數量成正比。

② **拆解問題**

求解這道題目所需的資料與估計量如下：

・日本的人口（資料）

・有閱讀習慣的人口比例（估計量）

・每本書的平均售價（估計量）

・有閱讀習慣的人平均每年的書籍購買數量（估計量）

③ **資料**

・日本的人口約 **1 億 2 千萬人**

④ **決定估計量**

· 有閱讀習慣的人口比例

→雖然長久以來，閱讀風氣日益低落，但無論老少，（我相信）還是有一些人有讀書的習慣，因此假設有閱讀習慣的人口比例是 70%。

· 有閱讀習慣的人平均每年的書籍購買數量

→我想這個部分應該因人而異吧，有些人每周都會買固定的雜誌，有些人則是 1 年才買 1～2 本書而已。因此這裡假設有閱讀習慣的人，平均的購書數量是每個月 1 本，**1 年下來共 12 本**。

· 每本書的平均售價

→如果是周刊雜誌的話，大約是 200～300 日圓（約新臺幣 60～90 元），書籍大概是 1,500 日圓（約新臺幣 450 元）左右。不過這個部分的差異幅度也很大，因此這裡就大膽的假設**每本書的平均售價是 1,000 日圓**（約新臺幣 300 元）。

⑤ **統整**

根據以上的數據，估計日本全年的書籍銷售收入如下：

· 有閱讀習慣的人口數：

$$12,000 〔萬人〕×70\% ＝8,400〔萬人〕$$

· 全年銷售的總書籍數量：

$$8,400〔萬人〕×12〔本／人〕＝100,800〔萬本〕$$

· 全年的書籍銷售收入：

$$100,800〔萬本〕×1,000〔日圓／本〕＝10,080〔億日圓〕$$

因此，答案估計為 **10,080 億日圓**（約新臺幣 3,024 億元）。

附帶一提，根據日本 Oricon 發表的《年度市場報告》，日本在 2014 年的書籍總銷售收入是 **10,281.3 億日圓**（約新臺幣 3,084.4 億元）。

(練習3)

(解答範例與解說)

假設有客人 A 與客人 B 光顧這家有名的拉麵店。

現在他們有兩種選擇，一是任意占用附近的車位，二是開到大老遠的付費停車場去停。此時，**「最佳」的情況是「我任意占用車位，對方去付費停車場」**，因為這樣我就可以率先開始排隊。這種情況是 10 分。

「稍佳」的情況是「我去付費停車場，對方也去付費停車場」，因為這樣排隊的順序至少不會差太多，而且也不必擔心違規停車被取締。這種情況是 5 分。

「稍差」的情況是「我任意占用車位，對方也任意占用車位」，因為雖然排隊順序不會差太多，但多少需要擔心違規停車會不會被取締。這種情況是－5 分。

「最差」的情況是「我去付費停車場，對方任意占用車位」，因為這樣只有對方可以率先開始排隊。這種情況是－10 分。

彙總上述情形，即可得到以下的報酬矩陣：

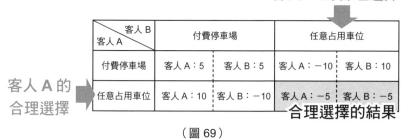

（圖 69）

這是典型的「囚犯困境」，**如果客人 A 與客人 B 要做出「合理選擇」（選擇優勢策略），顯然雙方都必須選擇「任意占用車位」。**因此按照現狀看來，想要改善任意占用車位的問題恐怕很難。

想要改善這種狀況，必須採取一些方法（協定），例如**由店家制定「違規停車的客人不得入店」的規則，**或是通報警方加強取締等等。如此一來，比起「提早排隊」的「好處」，「無法吃到拉麵」或「違規停車被取締」的「損失」更大，所以應該能改善違規占用車位的問題。

練習4

解 答

A 公司應該投入音響市場。

解 說

這一題是**逐步賽局，**因此可以畫出以下的「賽局樹」。

【A公司應該投入音響市場】

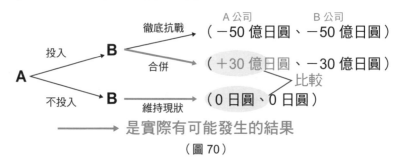

（圖 70）

　　根據上圖用**逆向歸納法**思考（先站在 B 公司的立場思考），當 A 公司投入音響市場時，B 公司選擇合併會比徹底抗戰來得好（－50 億日圓→－30 億日圓）。另外，當 A 公司不投入音響市場，也就是在維持現狀的情況下，A 公司和 B 公司的收益都不會有任何增減。

　　綜上所述，實際有可能發生的結果就是：

　　「A 投入＆B 合併」或「A 不投入＆B 維持現狀」。

　　接下來站在 A 公司的立場比較兩種結果，顯然 A 公司**投入音響市場是比較有利的選擇**（0 日圓→＋30 億日圓）。

　　但是這樣看來，B 公司似乎只有「坐以待斃」的份，難道 B 公司就沒有任何能夠阻擋 A 公司投入音響市場的手段嗎？

　　如果 B 公司想阻擋 A 公司，只要事先**發表宣言，讓潛在的競爭對手知道，「面對任何新投入市場的企業，我方都會『徹底抗戰』」即可。**如此一來，賽局樹就會變成像下圖一樣，不投入新市場對 A 公司來說比較有利（－50 億日圓→0 日圓），自然就能夠阻

擋 A 公司的行動了。

　　事實上，冷戰時期的美蘇之所以能夠回避「古巴導彈危機」，就是因為美國採取了和 B 公司相同的策略。

　　1962 年，前蘇聯在古巴建設導彈基地，表現出「隨時準備好發動攻擊」的態度，時任**美國總統的甘迺迪便刻意表露出徹底抗戰的決心，聲明「不惜引爆全面核戰」**，目的就是為了阻斷前蘇聯任意發動攻擊的選擇。

　　當然，實際的談判過程非常緊張，我想情況應該沒有這麼單純，但古巴導彈危機的談判基本架構，應該可說是與這個問題如出一轍。

【B 公司如欲阻擋 A 公司投入市場】

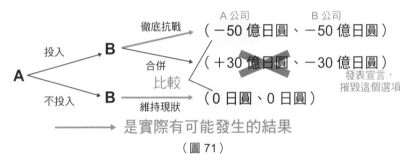

（圖 71）

練習 **5**

解 答

（A 男和 a 女）、（B 男和 b 女）、（C 男和 c 女）

‧a 女向第一順位的 A 男告白。A 男沒有對象，所以接受告白。

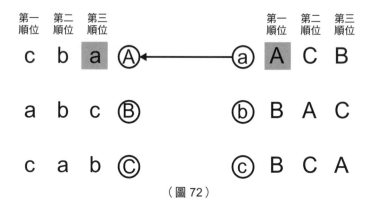

（圖 72）

‧b 女向第一順位的 B 男告白。B 男沒有對象，所以接受告白。

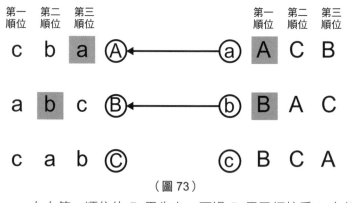

（圖 73）

‧c 女向第一順位的 B 男告白。不過 B 男已經接受 b 女的告

白，而且 c 女的順位較後面，**因此拒絕 c 女的告白。**

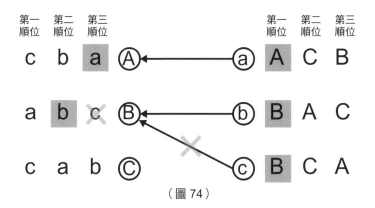

（圖 74）

· c 女被 B 男拒絕後，改向第二順位的 C 男告白。**由於 C 男沒有對象，因此接受告白。**

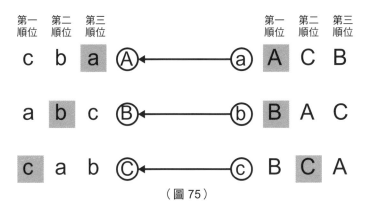

（圖 75）

根據以上流程，在由女性告白的情況下，「GS 演算法」配對出來的答案是（A 男和 a 女）、（B 男和 b 女）以及（C 男和 c 女）的組合。

練習6

解 答

　　平均值：5（分）

　　變異數：8（分^2）

　　標準差：$2\sqrt{2}$（$\fallingdotseq$2.83）（分）

　　（此處略過 Excel 驗算部分）

解 說

　　首先求平均值。

$$\frac{6+10+5+2+6+0+6+2+5+8}{10}=\frac{50}{10}=5〔分〕$$

　　根據求得的平均值製作下表。

（表9）

B 班的小考成績											平均
分數（分）	6	10	5	2	6	0	6	2	5	8	5
與平均值的差異	1	5	0	−3	1	−5	1	−3	0	3	
（與平均值的差異）^{2}	1	25	0	9	1	25	1	9	0	9	

變異數是「（與平均值的差異）² 的平均」，因此：

$$變異數 = \frac{1+25+0+9+1+25+1+9+0+9}{10} = \frac{80}{10} = 8 \text{〔分}^2\text{〕}$$

沒錯吧？

再來，因為標準差是$\sqrt{變異數}$，所以：

$$標準差 = \sqrt{8} = 2\sqrt{2} = 2.828\ldots\ldots \text{〔分〕}$$

用 Excel 驗算的部分請參考本文。

（練習7）

解答

75 分

解說

　　標準分數 40 代表實際分數比平均分數（116.17 分）低一個標準差（40.96 分）。

$$116.17 - 40.96 = 75.21$$

小數點以下四捨五入後，答案是 75 分。

（練習8）

（解答）

散布圖

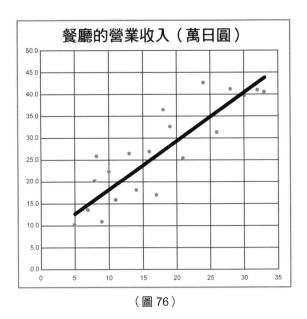

（圖76）

迴歸式：y＝1.1141x＋7.0185

判定係數：R^2＝0.7869

預約人數為 20 人時，餐廳的預估營業收入：約 29.3（萬日圓；約新臺幣 8.8 萬元）

　　用 Excel 製作散布圖、求迴歸式或判定係數的方法請詳本文。

　　以下根據迴歸式估算預約人數為 20 人時的餐廳營業收入。本題計算出來的迴歸式如下：

　　　$y = 1.1141x + 7.0185$

　　x 是預約人數（人），y 是餐廳的營業收入（萬日圓），因此用 x＝20 代入上式。

　　　$y = 1.1141 \times 20 + 7.0185$
　　　　$= 29.3005〔萬日圓〕$

　　題目的要求是計算到「小數點以下第一位」，因此答案大約是 29.3 萬日圓（約新臺幣 8.8 萬元）。

結語

保持邏輯思考最重要的事——
用心培育邏輯力

辛苦了！

首先我要在此向讀者表達敬意和謝意，因為你靠著堅強的意志和毅力讀完了這本分量絕不算薄的書。

感覺如何呢？

讀完本書以後，對於「數學式邏輯思考」的概念，是否有比之前更清楚了些呢？本書的內容讓你覺得「果然很難（T_T）」？還是「出乎意料的有趣！（^_-）-☆」呢？

身為作者，當然深切希望有更多的讀者能夠得到後者的感覺，但無論如何，這本書都不會是你在邏輯思考之路上的終點。

甚至可以說現在才剛開始。

邏輯思考是一種**思考的習慣**。唯有在不知不覺間養成邏輯思考的習慣，才是真正的邏輯思考。在這層意義下，往後的你是否能夠繼續維持邏輯性的談話、邏輯性的思考，並不是由你的頭腦去做決定，而是由你的心去做決定。

在本書的執筆期間，我始終希望「能讓更多讀者發自內心渴望維持邏輯思考的習慣」。

要維持邏輯思考的習慣，最重要的是能否感受到邏輯思考的樂趣、認同邏輯思考的美麗，以及是否擁有一顆想要維持邏輯思考的心。

換句話説，我認為最終的目標，就是**學會用心思考邏輯**；反過來説，若你的內心並未懷抱這種感性思維，即使閱讀再多邏輯思考書籍，或參與再多場講座，都將欠缺畫龍點睛之效。只因為別人一句「你可以説得更簡單一點嗎」或「你思考要有邏輯」，所以學得心不甘情不願。倘若你是這樣的心態，恐怕很難學會邏輯思考。

　　即使面對理念不同或主張相異的對象，**只要擁有邏輯思考力與邏輯表達力，就能理解對方説的話，並向對方傳達自己的想法**。如果世界上到處都是這樣的人，或許就不會再有那麼多無意義的爭執了吧。正因如此，身為一介數學老師，我每天都希望能讓更多人了解邏輯思考的好處，而我也是抱持著這樣的信念在教數學的。

　　文章即將進入尾聲，在此誠摯感謝 SCC 有限公司資訊媒體部的宮川傳法先生和飯塚千春女士，給予我如此寶貴的執筆機會，並提供我非常適合書寫的環境。

　　我的畢生志業就是傳達學習數學的意義。對於本書中培養邏輯力的數學有興趣的讀者，或許未來有一天我們會在某個地方再次相遇。在停筆的這一刻，我也衷心期盼那一天的到來。

　　感謝各位的悉心閱讀。

東京觀測史上最炎熱的 5 月最後一天
永野裕之

參考文獻

序章

・芭芭拉・明托（Barbara Minto），《金字塔原理：思考、寫作、解決問題的邏輯方法》，經濟新潮社。

・照屋華子、岡田惠子，《邏輯思考的技術：寫作、簡報、解決問題的有效方法》，經濟新潮社。

第一章

・吉田洋一、赤攝也，『数学序説』（暫譯：《數學序説》），筑摩書房。

・清水義範、西原理惠子，『おもしろくても理科』（暫譯：《即使有趣還是理科》），講談社。

・卡曼・蓋洛（Carmine Gallo），《大家來看賈伯斯：向蘋果的表演大師學簡報》，美商麥格羅・希爾。

・三木雄信，《孫正義の簡報術：23 種振奮人心的奇蹟簡報術》，博碩。

第二章

・『厳選数学パズル：名作から超難問まで：ひらめく発想力と論理力をきたえる100 題』（暫譯《嚴選數學謎題：從名作到超級難題：鍛鍊瞬間發想力與邏輯力的 100 道題目》），日本牛頓別冊（Newton Press）。

第三章

- 史蒂芬・偉伯（Stephen Webb），『広い宇宙に地球人しか見当たらない５０の理由：フェルミのパラドックス』（暫譯：《浩瀚宇宙中只找得到地球人的 50 個理由——費米悖論》），日本青土社。

- 馮・諾伊曼（John von Neumann）、奧斯卡・摩根斯坦（Oskar Morgenstern），『ゲームの理論と経済行動』（暫譯：《賽局理論與經濟行為》），筑摩書房。

- 川西諭，《所有問題，都是一場賽局：贏家邏輯——操縱與雙贏的策略思考》，大牌出版。

- 逢澤明，《小豬勝大豬：賽局理論的生活應用》，中國生產力中心。

- 渡邊隆裕，『図解雑学ゲーム理論』（暫譯：《圖解雜學賽局理論》），ナツメ社。

- 秋山仁、松永清子，『数学に恋したくなる話』（暫譯：《愛上數學》），PHP 研究所。

- 永野裕之，《天哪！數學原來可以這樣學》，漢湘文化。

- 『統計と確立ケーススタディ３０：基礎知識と実戦的な分析手法』（暫譯：《統計與機率個案研究 30：基礎知識與實戰分析手法》），日本牛頓別冊（Newton Press）。

- 伊恩・艾瑞斯（Ian Ayres），《什麼都能算，什麼都不奇怪：超級數據分析的祕密》，時報出版。

- 高橋信，《世界第一簡單統計學迴歸分析篇》，世茂。

- 末吉正成、末吉美喜，『EXCELビジネス統計分析』（暫譯：《Excel 商業統計分析》），翔泳社。

Unique 系列 13

為什麼用數字說話的人很有魅力
任何人都可以學會的數學式邏輯思考

初步からわかる数学的ロジカルシンキング

作　　者	永野裕之
譯　　者	劉格安
責任編輯	何寧
副總編輯	陳雅如
行銷企劃	胡弘一
封面設計	萬勝安
內文排版	菩薩蠻數位文化有限公司
查證校對	黃筠菁

出 版 者	今周刊出版社股份有限公司
發 行 人	謝金河
社　　長	梁永煌
總　　監	陳智煜

地　　址	台北市中山區南京東路一段 96 號 8 樓
電　　話	886-2-2581-6196
傳　　真	886-2-2531-6438
讀者專線	886-2-2581-6196轉1
劃撥帳號	19865054
戶　　名	今周刊出版社股份有限公司
網　　址	www.businesstoday.com.tw

總 經 銷	大和書報股份有限公司
製版印刷	緯峰印刷股份有限公司
初版一刷	2017 年 3 月
初版三刷	2018 年 5 月
定　　價	320 元

國家圖書館出版品預行編目（CIP）資料

為什麼用數字說話的人很有魅力：任何人
都可以學會的數學式邏輯思考 / 永野裕之
著；劉格安譯. -- 初版. -- 臺北市：今周刊,
2017.03
　面；　公分. -- (Unique系列；13)
譯自：初步からわかる数学的ロジカルシ
ンキング
ISBN 978-986-93511-7-1(平裝)

1.思考

176.4　　　　　　　　　　　106001140